# Dans les yeux d'Electra

ISBN : 978-2-7029-2118-0

www.editions-tredaniel.com
info@guytredaniel.fr
www.facebook.com/editionstredaniel
@le_courrier_du_livre

Stéphane
# Haskell

Préface de Gilles LEROY

# Dans les yeux d'Electra

## La rencontre de deux destins, humain et animal, sur le chemin de la résilience

LE COURRIER DU LIVRE
27, rue des Grands-Augustins
75006 Paris

« De tout, il resta trois choses :
La certitude que tout était en train de commencer,
la certitude qu'il fallait continuer,
la certitude que cela serait interrompu avant d'être terminé.
Faire de l'interruption, un nouveau chemin,
faire de la chute, un pas de danse,
faire de la peur, un escalier,
du rêve, un pont,
de la recherche...
une rencontre. »

Fernando PESSOA
« De tout, il resta trois choses », 1982.

« Il n'y a que la vanité et la désinvolture de l'homme pour croire qu'un animal est muet parce que nos perceptions limitées ne nous permettent pas de l'entendre. »

Mark TWAIN

# Sommaire

## Préface

# LES COMPAGNONS DU MYSTÈRE

Comme beaucoup de ceux qui traversent l'existence en compagnie d'animaux, j'ai entendu plus d'un reproche et notamment cette platitude condescendante : « Quel besoin a-t-on d'un animal ? On peut vivre sans. » J'y réponds en empruntant le mot d'une amie : « On peut vivre sans, mais on vit mieux avec. »

C'est un mieux mystérieux. Un mieux qui s'éprouve plus qu'il ne se prouve.

Ma vie, c'est d'écrire, et quand j'écris la seule présence tolérable est silencieuse ou, plus exactement (car ça aboie, parfois, dans mon bureau, ça ronflote, ça gémit en rêvant sur son plaid), je dois me tenir loin des mots des autres et de toute intrusion humaine ressentie comme une tyrannie.

La vie que nous partageons avec un animal est une histoire sans paroles, c'est là tout son prix. Devant un chien qui a une bonne tête, il se trouvera toujours quelqu'un pour assener ce cliché – un cliché bienveillant, cette fois : « Il ne lui manque que la parole. » Je ris, alors, pour masquer la terreur que m'inspire une telle métamorphose en nos temps de manipulations génétiques et d'humanité augmentée. Pitié. Surtout pas ça. Un chien qui parle serait un cauchemar : avec la parole viendraient l'ennui du bavardage et, juste après, le temps du jugement, l'impudeur, le chantage affectif, les explications.

Avec la parole, on en oublierait le regard, cette profondeur de champ que je trouve dans les yeux de mon chien et où j'ai la chance de me croire un type bien. Où je suis tenté de voir, faute d'un terme approprié, une sorte d'intelligence – mais alors, une intelligence au sens d'entente secrète, de réciprocité, d'unisson.

Cette scène, une fois, deux fois, dix fois par jour : je suis à ma table de travail, face à l'écran, quand soudain je sens sur ma nuque son regard et je sais, avant même de me retourner, que depuis sa couche Nino me regarde, la tête posée sur les pattes antérieures, immobile ; littéralement, il veille sur moi.

Je me souviens de la chienne Electra et de son regard sur Stéphane, un regard doux, chaud et comment dire..., non pas farouche, non pas inquiet, mais grave à certains moments. La gravité lui venait-elle de ce qu'elle ressentait des épreuves traversées par son maître ? Sans nul doute. Mais, pour avoir vécu avec de nombreux chiens et été surpris plus d'une fois par cette gravité saisissante dans leur regard, il me semble qu'elle est là, indolente, en chacun d'eux, immémoriale ou disons qu'elle a la mémoire du long chemin que les humains et les chiens parcourent ensemble.

Dans les yeux de ton chien, humain, tu t'interroges : et si Electra, si Nino, si tous leurs semblables en savaient sur nous plus que nous-mêmes ?

Un être est là qui te connaît hors les mots, qui t'offre son regard comme on tend un miroir, un être auprès de qui tu peux baisser la garde et t'abandonner alors à ce mystère de vivre.

Gilles Leroy

# Prologue

Un vent glacial traverse les branches nues des arbres de la forêt qui entoure l'enclos. Le sol est gelé. Electra grelotte. Malgré cela, un sentiment profond de sérénité l'habite. Il arrive. Elle le sent par toutes les fibres de son être. Elle l'attend depuis des semaines. Quand elle voit sa longue silhouette se détacher au bout du chemin qui mène à sa cage, elle frémit de joie. Le gardien ouvre la porte, elle le regarde avec intensité. C'est bien lui. Elle sent son hésitation quand il prend sa laisse en main et qu'ils partent faire une courte promenade dans les bois le long du refuge. Quelques minutes plus tard, ils sont de retour. Il échange quelques mots avec le gardien. Une fois de plus, elle sent sa fébrilité. Quand il tourne les talons et qu'il s'éloigne lentement, elle commence à gémir. « Non. Ne m'abandonne pas. » La silhouette disparaît, et puis elle est ramenée dans sa cage. Elle se roule en boule dans un coin. Ferme les yeux. Les pensionnaires qui partagent le même enclos semblent aussi abattus qu'elle. Tous attendent leur sauveur. Celui ou celle qui les sortirait de ce trou glacé. Une bourrasque secoue les branches des arbres au-dessus d'eux. Elle ouvre les yeux et sent son odeur. Il revient. Il est là ! Mais elle est presciente du drame qui va s'abattre sur cet homme. Elle doit être là avec lui pour l'accompagner et l'aimer. Telle est sa mission.

## Chapitre 1
# LA RENCONTRE

Plongé dans mes pensées, je ne vois pas le MMS envoyé par ma cousine Mathilde. Vive, brune aux yeux malicieux en forme d'amande, cette jeune écolière a toujours plus d'un tour dans son sac pour obtenir ce qu'elle veut. Je suis toujours curieux de connaître ses projets, mais là, je suis trop occupé à organiser mon anniversaire. Quarante ans, ça se fête. Surtout après un mois effroyable. Un mois sans alcool. La décision vient après des dizaines de tentatives. Après un jeûne d'une semaine et des retrouvailles avec une amie abstinente de la drogue depuis longtemps, le déclic se fait enfin. L'obsession pour l'alcool est encore terriblement présente. Alors, un anniversaire… ce n'est peut-être pas la meilleure idée.

Je saisis mon téléphone et ouvre les messages. La photo d'un adorable chien âgé de quelques mois apparaît sur mon écran. On dirait le chien clochard dans le dessin animé de Disney. Une tête grande et longue avec moustache, barbe et sourcils bien marqués. Un poil gris acier parsemé de taches blanches et noires. Des yeux, grands, ronds, de couleur jaune foncé affichant une expression de gentillesse infinie. Sous la photo, je lis : « Electra, une femelle griffon Korthals de six mois. Il faut la sauver ! »

J'ai toujours rêvé d'avoir un chien. Surtout, je voulais devenir vétérinaire. J'avais douze ans, mes parents nous avaient emmenés, mon frère et moi, visiter le zoo de Thoiry. J'avais été fasciné par les animaux. Leurs langages empreints de sons et d'expressions physiques. J'étais très attiré par ce monde. Mais les mathématiques et les sciences naturelles n'étant pas mon fort, je n'avais pas pu accéder aux études de vétérinaire. Je regarde une nouvelle fois la photo de l'adorable frimousse poilue quand le téléphone sonne. C'est Claude, le père de Mathilde, qui m'appelle. Il me propose de l'accompagner le lendemain à Plaisir où est la SPA qui a recueilli la jeune chienne. J'ai à peine le temps d'y réfléchir que nous quittons Paris en direction de la banlieue ouest. Dans le van vert anthracite de Claude, je pense ce que représente la responsabilité d'adopter un chien. Je n'y connais rien. Des amis abstinents à l'alcool depuis plusieurs années lancent souvent cette blague : « La première année d'abstinence, prends une plante. Si elle survit, tu peux prendre un animal l'année suivante. Si tu arrives à prendre soin des deux, alors tu es prêt à avoir une relation sentimentale. »

Sur le chemin, Claude m'explique comment lui est venue l'idée de transmettre le message à sa fille et à d'autres membres de la famille. Une étonnante série d'événements se sont succédé pour permettre ma rencontre avec la jeune chienne.

Quelque temps auparavant, Françoise, une amie de la famille, lui a parlé d'une chienne abandonnée. L'originale et pleine de vie Françoise habite une large bâtisse près d'Orgeval à quelques kilomètres de Paris. Un matin, en sortant chercher son courrier, elle aperçut, sur le chemin qui longe sa maison, un chiot recroquevillé dans un trou qu'il avait sans doute creusé pour se protéger du froid. Elle s'en approcha tout en douceur. Familière des animaux, elle a recueilli bon nombre de chats errants. C'est une jeune chienne docile qui se laissa facilement amadouer. Elle suivit Françoise dans sa maison. Aussitôt, elle eut un coup de foudre pour l'animal. Elle l'emmena chez le vétérinaire qui retrouva son identité grâce à son tatouage. Elle s'appellait Electra. Ce dernier tomba également sous le charme de la griffon Korthals, une race de chiens hollandais élevés pour la chasse dans les marais. « Cette chienne est d'une douceur et d'une intelligence hors du commun », lui dit-il. Il aurait aimer l'adopter, mais il y avait déjà trop de pensionnaires chez lui. Alors, Françoise en parla à ses voisins, deux hommes en couple qui décidèrent de l'adopter sur-le-champ.

Elle était tout heureuse d'avoir sauvé cette chienne et se réjouit de pouvoir lui rendre visite de temps à autre. Mais quand quelques semaines plus tard, le jour de la Saint-Sylvestre, elle appela l'un des maîtres pour avoir des nouvelles, elle apprit que la chienne s'était échappée. L'homme qui le lui annonça éclata en sanglots. Il l'a cherchée partout. Impossible de la retrouver. Quelque chose sonnait faux : le ton, les sanglots, les explications floues sur la fuite de l'animal. Françoise se mit alors à enquêter. Elle placarda des affiches aux alentours, alla informer le vétérinaire et appela en dernier recours la fourrière. Elle insista auprès d'une femme qui hésita à lui donner des informations sur les pensionnaires qu'ils avaient recueillis les jours derniers. La plupart partaient pour une SPA locale, mais certains risquaient d'être euthanasiés. On lui apprit qu'une jeune femelle griffon Korthals était bien là, parmi les pensionnaires.

Aussitôt, Françoise se rendit au refuge et retrouva sa protégée enfermée dans une minuscule cage. Son cœur se serra. Elle ne l'abandonnerait plus. Elle la prit en photo et essaya de connaître sa destination. De plus, elle apprit qu'un homme, la quarantaine, était venu avec la chienne pour lâchement la déposer, puis était reparti aussi sec. Françoise n'eut aucun doute sur l'identité de l'homme, elle était scandalisée. Quelle honte ! Elle avertit *illico* tous ses amis. C'est ainsi que ma cousine Mathilde reçut la photo d'Electra et me l'envoya... Une véritable chaîne de solidarité humaine et de conspiration divine réussit ce jour-là à réunir un jeune homme désemparé et une jeune chienne abandonnée. C'était le jour de Noël. Qui adopta l'autre en premier ? Sans doute Electra...

*

Dans ma petite maison du 15e arrondissement, j'aime écrire et me prélasser dans une chaise longue sous les arbres. Je sais que la jeune chienne y sera heureuse. Pourtant, installée à l'arrière du van, Electra est craintive. Je le sens. Une connexion semble déjà s'établir entre nous. Je lui parle, je crée un lien télépathique. Je la rassure. Claude nous dépose devant mon immeuble. Je la fais descendre du van avec douceur. Elle regarde notre conducteur d'un regard de travers, comme si elle s'en méfiait. Curieusement, elle continuera longtemps à avoir cette attitude envers lui. Les traumatismes des chiens abandonnés sont très profonds. Comme chez les hommes. Je sens qu'il lui faudra beaucoup d'amour pour effacer le souvenir des mauvais traitements infligés si jeune. Je suis à mille lieues d'imaginer qu'elle m'en donnera bien plus.

La première nuit est une nuit sans sommeil. Electra ne cesse de tousser. À chaque quinte de toux, elle manque de s'étouffer. Nouvellement responsable de ce petit être, je panique et je me lève plusieurs fois dans la nuit pour voir si tout va bien. Je l'entoure de mes deux bras et tente de la rassurer. Je lui ai acheté un grand coussin pour qu'elle s'y installe confortablement. Une fois l'alerte passée, elle retourne s'y blottir. Au matin, je file chez le vétérinaire le plus proche, qui se trouve, heureux hasard, dans l'immeuble mitoyen. Il lui diagnostique la toux du chenil. Un classique chez la plupart des pensionnaires venant de refuge. Pendant plusieurs jours, je lui administre ses médicaments. Sa confiance à mon égard est immédiate. Elle me laisse lui glisser les comprimés dans la gueule sans broncher. Puis ce sont les sorties quotidiennes qui deviennent un rituel. Petit déjeuner, café, cigarette et tour du pâté de maisons. Qu'il vente ou qu'il pleuve. En revanche, une sacrée contrainte, que connaissent tous les maîtres de chien, à laquelle ils ne peuvent échapper, rend pénible cette balade matinale, le ramassage des crottes. Je conseille une technique simple : inspirez et bloquez votre respiration, pliez vos jambes, gardez le dos droit, inclinez le buste et ramassez. Puis repérez la poubelle publique la plus proche, gardez l'inspiration bloquée jusqu'au largage des excréments dedans et relâchez la respiration à quelques mètres de distance. Votre journée, après ce type exercice respiratoire, qui fait d'ailleurs de nombreux adeptes en Inde, ne débutera que mieux... Sans l'aspect canin évidemment ! Un mental bien oxygéné est source de clarté. Mais ça, je ne le saurai que quelques années plus tard.

Electra me guide sur le chemin d'une meilleure santé. Nos balades que nous faisions au Champ-de-Mars en font partie. Pourtant, quelque chose ne va pas. Mes douleurs dans le bas du dos ressurgissent lors de nos marches. L'arrêt de l'alcool, depuis six semaines maintenant, ainsi que celui des antidépresseurs me plongent dans des crises d'angoisse qui peuvent durer plusieurs heures. Je n'ai plus d'anesthésiants. Je navigue à vue. De temps à autre, quand une personne me parle, j'ai l'impression que sa voix est lointaine. Un épais brouillard m'enveloppe. Le déséquilibre chimique que génère l'arrêt trop brutal de ce type de médicaments est très dangereux. Je tiens le coup, mais cet entêtement est stupide, les effets secondaires étant très violents. Heureusement, une amie me conseille un docteur qui m'administre une descente graduelle des doses. Mais le mal est fait. Tout arrêter d'un coup était de la folie. Le corps reçoit de telles décharges émotionnelles qu'il ne peut que se fragiliser. Privé de mes protections artificielles, je me suis replié sur moi. Ma chienne devient l'un de mes rares contacts avec le monde extérieur. L'autre étant celui des thérapies de groupe auxquelles je me rends quotidiennement. Electra a tout de suite été adoptée par le cercle d'amis dépendants que nous formons lors de nos réunions. Certains jours, l'obsession d'un verre de vin est si forte que j'y vais deux fois dans la même journée. Sur le chemin du retour, il m'arrive de changer de trottoir pour éviter un bar ou un café où j'avais pris mes habitudes de comptoir. Certains serveurs qui ne me connaissaient que trop bien avaient cessé de me prodiguer des conseils paternalistes. La chute était évidente. Sournoise, lente et inexorable. Est-ce qu'Electra sent ce passé encore si présent ? Je jurerais que oui. Si un sans-abri aviné vient à croiser notre chemin, elle lui grogne dessus. Comme pour lui signifier que son maître n'y retournera plus. Fini. Elle veille. L'aptitude télépathique des chiens à sentir nos états émotionnels est évidente. Je la découvre surtout quand de nouveaux venus intègrent les thérapies de groupe. Cela ne rate jamais. Electra, souvent assise au milieu du groupe, se lève et va se poster aux pieds du nouvel arrivant. L'effet est immédiat. Je vois le visage de ce dernier se détendre, ses gestes se calmer.

Au cours de mes premiers mois d'abstinence, nos liens se forgent pour la vie. Quelle chance inouïe pour moi d'avoir adopté un chien à cette période, alors que toute mon attention est centrée sur mon rétablissement. Que cette démarche égotique, mais indispensable à ma survie, soit détournée vers un autre être m'oblige à sortir de mon introversion maladive. En même temps, j'apprends pour la première fois de ma vie à demander de l'aide à une puissance supérieure. Plus les jours passent sans consommation d'alcool, plus je vois l'arrivée d'Electra dans ma vie comme un signe du destin. Il m'arrive même de m'agenouiller au pied de mon lit et de prier. Même si les mots ne sortent que timidement de ma bouche, ils sortent. Electra non loin me regarde du coin de l'œil, comme si elle approuvait cette nouvelle pratique matinale. Elle doit ressentir ma fragilité, autant que je ressens sa peur de l'abandon.

Chaque matin, de nouveaux rituels s'installent. Tout juste éveillé, je garde les yeux fermés pour profiter de quelques minutes supplémentaires sous ma couette. Pourtant, un sixième sens semble habiter Electra. Même si je reste les yeux fermés, immobile dans mon lit, elle sait que je suis réveillé. Elle attrape dans sa gueule une de mes chaussettes qui traînent au sol et me l'apporte sous le nez. Le message est clair. Si pourtant le lien se renforce, il n'en demeure pas moins qu'elle reste extrêmement craintive. Un matin, ouvrant la porte cochère de mon immeuble, je n'ai pas le temps de l'attacher qu'elle file aussitôt et se retrouve sur le trottoir. Une voiture klaxonne. Je vois son regard apeuré. Malgré mes appels, elle fonce au milieu de la rue. Une voiture lui arrive dessus. Elle ne bouge pas, paralysée de peur. Mon cœur se serre. La scène du choc semble se dérouler au ralenti. J'entends son hurlement et je vois son corps éjecté du côté opposé. Je ferme les yeux. Je suis sûr qu'elle est morte. Puis, en rouvrant les yeux, je la vois se redresser et partir à toute allure. Je mets plus d'une heure à la retrouver. Ce soir-là, encore sous le choc, je me fais la promesse de veiller sur elle envers et contre tout. Que jamais, au grand jamais, je ne laisserai cet être sans ma protection.

*

Les semaines passent. Electra m'accompagne partout. Depuis l'accident, j'ai contacté un comportementaliste pour chiens. Il est essentiel qu'elle réponde aux ordres et que des exercices de rappel soient mis en place. Si ma chienne arrive à me désobéir et à me mener par le bout du nez, quand Olivier nous retrouve pour faire les exercices de dressage, elle est au garde à vous. Je suis vexé et fasciné à la fois. Nous organisons nos séances au parc du Champ-de-Mars. Electra surveille du coin de l'œil chaque mouvement du dresseur. Ce dernier, avec son allure d'explorateur, la tient en respect par de simples intonations de voix et des attitudes corporelles lentes et précises.

— Ne la regarde pas dans les yeux. Elle va t'avoir chaque fois, me lance-t-il un matin alors que nous marchons tous les trois vers un grand bassin face à l'École militaire.

— Pourquoi donc ? je lui réponds. C'est justement comme ça que l'on communique, elle et moi.

— Peut-être, mais pas quand tu lui donnes des ordres. Chaque chien a ses trucs. La tienne, c'est le regard. C'est une chienne très spéciale. Tu verras. C'est ce que j'appelle des chiens indigo. Ils sont là avec une mission. Veiller sur l'être qu'ils ont choisi.

— C'est moi qui suis allé la chercher, lui dis-je en éclatant de rire… Pas elle !

— C'est ce que tu crois, me répond-il tout en la lâchant.

Electra ne demande pas son reste et file rejoindre un attroupement de chiens. Au cours de nos balades journalières au parc, je me suis lié avec la plupart des chiens et leurs propriétaires. Les connexions se sont faites naturellement, et surtout, ce qui me frappe le plus, si les maîtres s'entendent bien, les chiens aussi. L'inverse se vérifie également. Comme si ces derniers sentaient nos degrés de sympathie les uns pour les autres. Je découvre un univers d'échanges subtils entre les hommes et les animaux.

Une bagarre éclate entre plusieurs chiens et me tire de ma rêverie. Je vois Electra courir vers eux et s'interposer. Je me prépare à intervenir, de peur qu'elle ne se fasse écharper par les deux mâles dominants, quand Olivier pose sa main sur mon épaule.

— Laisse. C'est ce que je te disais sur ta chienne. Elle joue son rôle de pacificatrice.

Je n'en reviens pas. C'est la première fois que j'assiste à ce type d'intervention de sa part. Elle n'a pas hésité. Elle s'est jetée dans la mêlée. L'effet est immédiat. Les chiens se séparent. Je ris en pensant que j'ai hérité d'un maître zen, d'une nonne bouddhiste à quatre pattes !

— Il faut que tu la comprennes plus en profondeur, ajoute Olivier. Tu es dans une compréhension de ta chienne uniquement à un niveau mental. Tu peux élever la voix, donner des ordres et t'énerver, ça ne mènera à rien de positif dans ta relation. Il est important que tu sentes ses vibrations. Vous êtes deux êtres hypersensibles. Un animal indigo accompagne forcément un humain indigo. En quelques semaines, vous êtes déjà très fusionnels, et cela évoluera au cours des années.

J'aime cette image. Même si je n'en perçois pas toutes les subtilités, je ressens cette complicité entre nous. Je ne sais pas encore la nommer. C'est une sensation. Des instants de grâce, où je caresse les émotions de ma chienne. Serait-il possible qu'elle sente les miennes ? Je pose la question à Olivier.

— L'animal indigo a une forte capacité à incarner son corps physique, car il est très ancré. Surtout, c'est un animal très présent par son regard et dans sa façon d'agir. Il arrive à un moment précis dans la vie d'un être humain. Ces animaux sont des éponges. Ils assument les maladies et le mal-être de leur maître. Patiemment, ils attendront un jour que ce dernier soit à l'écoute des messages qu'ils délivrent.

Les dernières remarques d'Olivier me font tressaillir. Il ignore à quel point il vient de toucher un point sensible. Très vite, Electra m'a permis de m'ancrer dans ma nouvelle vie. Après deux mois d'abstinence, j'ai toujours du mal à gérer mes émotions. Je n'ai pas de visibilité sur mon avenir. J'aimerais reprendre mon métier de photographe et de réalisateur. Tant d'années avec des hauts et des bas, avec une belle courbe descendante, m'ont fait perdre la maîtrise de ma vie. Petit à petit, la famille et les amis se sont éloignés. Les projets professionnels se sont évaporés, les uns après les autres. La solitude s'est installée. Un désert affectif aussi. Alors, quand cet être poilu déboule dans ma vie, j'y vois un signe d'espoir et de renouveau. La nouvelle route que j'emprunte est difficile. Je pressens qu'elle va être ardue, mais que, malgré tout, de nouvelles aventures sont sur le point d'éclaircir mon horizon. Lisant dans mes pensées, Olivier me lance d'un ton prophétique :

— Electra t'amènera jusqu'où tu es capable d'aller et réveillera en toi ta mission de vie. On a tendance à l'oublier, car nous sommes accaparés par notre quotidien.

Sur le chemin du retour, je peine à rassembler mes pensées et à mémoriser ces nouvelles informations. Sur cette nouvelle voie, j'ai ouvert une porte. Celle de la foi. Celle de croire en une puissance supérieure et de me tourner vers elle. Alors, les propos d'Olivier me parlent. Je n'en saisis pas encore toute la portée, mais ils résonnent dans mon cœur. Je les accepte, je les laisse s'y glisser sans jugement et sans résistance.

Tous deux, nez et truffe au vent, nous nous promenons dans le parc. Depuis peu, je parle à ma chienne sur un ton de plus en plus gâtifiant. Alors que je m'adresse à elle sur ce ton avec des mots dignes des meilleurs bêtisiers, je vois devant moi une dame âgée me regarder fixement. Elle me sourit. Je suis embarrassé, comme pris en flagrant délit de niaiserie. Elle le voit et explose de rire.

— N'ayez jamais honte de parler à votre adorable bête de cette manière. Les autres, on s'en fout. Ce qui compte, c'est votre amour.

Et la voilà qui repart en trottinant au loin, son cabas se balançant au rythme de ses pas. Je regarde Electra et je jurerais qu'elle rigole, elle aussi ! Depuis ce jour, malgré les regards moqueurs, j'assume mon côté gâteux quand je lui parle.

Une autre chose va se produire plus fréquemment. Enfermé que je suis dans un mutisme douloureux que procure un manque physique d'alcool et de médicaments, mes contacts avec les autres s'en sont trouvés appauvris. Pourtant, nos promenades sont maintenant jalonnées de sourires et de regards sympathiques lancés à notre encontre, comme si toute une humanité avait conscience de notre histoire et souhaitait nous manifester sa bienveillance. Mon attitude s'en trouve changée. Je deviens curieux des autres, des rencontres possibles. Je renonce à mon jugement acerbe empreint de cynisme. Je souris à mon tour. Je m'humanise grâce à mon chien ! « *Heureusement qu'il y a les* *chiens pour nous ouvrir les yeux. Tous les chiens sont des chiens guides [...]. Des guides vers la vie et vers la tendresse*[*] », écrivait Madeleine Chapsal.

*

Ce matin de février, le réveil est pénible et douloureux. Une pointe dans le bas de mon dos me fait hurler de douleur. Comme si elle était branchée sur tout mon être, Electra arrive à toute allure dans ma chambre. Elle lèche mon avant-bras. J'ai l'impression qu'elle essaie d'atténuer ma souffrance. Je me lève tant bien que mal pour la sortir. Je rentre en miettes. Je me rue dans la salle de bains et sors du tiroir à pharmacie une plaquette d'Ibuprofène. Dans la journée, j'en avale quatre. Je me sens mal. Pourtant, je décide de prendre l'air avec Electra, et nous partons pour le bois de Boulogne. Elle aime cet endroit, son lac et ses rivières.

Les gènes ne trompent pas. C'est une chienne de chasse de marais hollandais. Le vétérinaire m'a expliqué son pedigree. Quand je la vois plonger dans le lac, je suis heureux pour elle. C'est son élément. Mais ce qui l'est aussi..., ce sont les canards ! Trop tard. Elle en a repéré un. Elle fonce dessus.

Le canard l'esquive une première fois et s'enfuit. Je suis étonné par la vitesse avec laquelle ma chienne se déplace dans l'eau. Elle va finir par l'avoir. Je connais le prix de l'amende si un chien tue un canard, cinq cents euros ! Pour ce prix-là, je pourrais dîner à « La Tour d'Argent », un restaurant huppé parisien spécialisé dans les plats à base de ce volatile.

---

[*] Madeleine Chapsal, *L'Ami chien*, éditions Acropole, 1991.

Sur le bord du lac, une foule s'est amassée. On entend des hurlements d'horreur. J'ai l'impression que nous assistons à un massacre en direct. J'appelle Electra, lui fais des signes. Rien à faire. Des gens comprennent que je suis le propriétaire de l'incarnation d'Hannibal version canine. Je me fais insulter. Un homme s'approche du lac et interpelle ma chienne. Je la vois tourner son museau vers lui, puis vers le canard. Il a quelque chose en main qui l'intrigue. Elle semble renoncer au volatile et se met à rejoindre la rive.

Je l'attrape par son collier pour la tirer hors de l'eau. L'homme qui a réussi l'exploit de détourner son attention nous rejoint. C'est un dresseur. Il me rassure et m'explique que si ma chienne n'a pas les bonnes informations sur le canard, cela se reproduira. Dans le lac, c'est non. En forêt, c'est oui. C'est simple. Je repars honteux. Electra se secoue et m'asperge d'eau. Je suis fumasse. Dans la voiture, elle s'étale de tout son long sur la banquette arrière. Je lui hurle dessus : « C'est malin ! »

*

Au fil des jours, nous apprenons à nous connaître, à nous apprivoiser, à tester les limites de nos patiences respectives. Nous ne nous quittons plus. Mes amis se moquent souvent de moi et nous comparent à un vieux couple. Cela ne me dérange pas. J'ai l'impression qu'elle a toujours fait partie de ma vie. Le plus drôle va être le rocambolesque casting des promeneurs de chiens. D'ailleurs, un nouveau mot a envahi les sites Internet qui proposent ce type de services. Après les baby-sitters, voici le temps des dog-sitters ! La première est une dame que nous croisons régulièrement en balade au Champ-de-Mars. Toujours accompagnée d'une horde de cinq à six chiens, elle marche d'un pas énergique. La meute semble la suivre au doigt et à l'œil. Un vrai régiment d'infanterie. Un matin de pluie, je l'approche avec beaucoup de diplomatie, craignant de ralentir le rythme de sa marche militaire. Le jour suivant, Electra va en pension chez elle. Quelques heures après avoir déposé ma chienne, cette dame m'appelle et me dérange en pleine réunion de travail. Elle est furieuse. Entre ses mots hachés par la colère, je comprends que ma chienne a mis en pièces sa porte d'entrée. Elle n'a pas aimé cette personne et s'est acharnée sur la porte, la lacérant de ses griffes. Quand j'arrive sur les lieux du crime, je suis abasourdi par les dégâts. Mon portefeuille aussi. Nos amis canins sont très têtus et tenaces. Ils se font comprendre par tous les moyens possibles. Cet épisode de « grande évasion » se réitérera de diverses manières. La détermination d'Electra me surprend chaque fois un peu plus. Il semblerait que pour elle, il est dans l'ordre sacré des choses que nous ne soyons pas séparés. Ou alors… il faut que ce soit elle qui choisisse sa famille d'accueil.

C'est ce qu'elle fait, quelques semaines après l'incident de la porte lacérée, au cours d'une promenade au parc de Saint-Cloud. Alors que nous traversons une clairière, elle s'approche d'un chien noir aux poils ébouriffés, un labrit. Sous mes yeux ébahis, elle se lance dans une véritable parade nuptiale. Electra se pavane devant le mâle de son âge. Elle tourne autour de lui. Lui lance de longs gémissements, invitations langoureuses à jouer. Tout à coup, les deux compères filent vers la forêt et disparaissent. Dans mon dos, j'entends une femme qui appelle son chien : « Benji, Benji… reviens ! » Voilà donc le nom de l'heureux élu. Quelques secondes plus tard, il réapparaît ventre à terre pour rejoindre sa maîtresse. J'aperçois derrière lui ma chienne, exténuée par son escapade amoureuse. Nous faisons ainsi la connaissance de Carole et du chien Benji. Ancienne diététicienne, cette dernière a privilégié son amour pour les chiens. De week-ends de garde pour gagner quelques euros de plus à des semaines de vacances, elle a finalement quitté son cabinet et se consacre à plein temps à son nouveau métier de comportementaliste et de dog-sitter. Je n'ai plus aucun doute. Quand je ne peux pas garder Electra, c'est désormais Carole et Benji qui prennent le relais. Parfois, quand je la récupère, je sens qu'elle aimerait mieux rester avec son nouveau fiancé. Je suis soulagé. Même si je n'ai pas d'enfants, j'ai l'impression maintenant d'en avoir trouvé un de vingt kilos ! Depuis qu'Electra est entrée dans ma vie, tout mon emploi du temps s'organise autour d'elle. Trouver une personne de confiance pour s'en occuper est un réconfort. Cela va durer encore trois mois.

*

Trois mois... Quatre-vingt-dix jours sans succomber à ma dépendance. Les groupes de parole m'ont lancé ce challenge. Tenir ce temps-là sans consommer une goutte d'alcool. Après, les choses se stabilisent. Je m'accroche à ce chiffre magique. Quatre-vingt-dix. Comme sur les calendriers de Noël de mon enfance, je coche les jours du mois de décembre. J'attends le miracle. La libération. Le moment magique où, enfin, l'obsession s'en va, où le voile se déchire, où l'esprit retrouve la paix. J'en rêve... Certains soirs, je sens la maladie rôder, je suis tenté par une sortie nocturne sans but et sans retour, et je regarde Electra allongée à mes pieds. Je sais qu'un seul verre suffirait pour me mener à une fin catastrophique. Qui s'en occuperait alors ? Je chasse ces sombres pensées, me saisis de sa laisse et la sors pour sa dernière balade de la soirée.

Dans la rue parallèle à la mienne, nous rencontrons une connaissance de quartier. Une dame âgée qui, à la même heure chaque soir, sort son yorkshire. C'est Electra qui m'a forcé la main pour que j'échange quelques mots avec elle. Souvent prisonnier de mes pensées, je l'avais croisée plusieurs fois, mais je l'avais à peine saluée. Jusqu'au jour où ma chienne se mit à jouer avec son petit chien. Nos conversations ont commencé par quelques propos anodins, puis, par politesse, je me suis intéressé à elle. C'est ainsi qu'elle se mit à proposer à Electra de monter chez elle pour lui donner quelques jouets dont son chien ne voulait plus. N'y voyant aucun inconvénient, je les laissai tous les trois entrer dans l'immeuble. Par paresse et voulant écourter cet échange, je n'avais jamais pris la peine de les suivre. Au fil des semaines, un vrai rituel s'était instauré. Electra disparaissait avec son nouvel ami derrière la porte cochère et réapparaissait quelques minutes plus tard, une peluche dans la gueule.

Pourtant, cette fois-ci, la dame insiste pour que je les suive. De mauvaise grâce, je les accompagne jusqu'au pied de l'escalier. S'appuyant d'une main contre la rambarde, elle saisit de l'autre une canne. Elle pose un premier pied sur la marche de l'escalier et péniblement lève l'autre pour entamer l'ascension. Je me dis qu'au vu de ses difficultés à monter, elle ne doit pas habiter à un étage trop élevé. Les chiens se postent derrière elle, sans la bousculer, et montent à son rythme. Je suis sidéré. Nous montons ainsi tous ensemble jusqu'au quatrième étage. Pas un mot. Pas une plainte. Même si elle semble essoufflée, la vieille dame me sourit en ouvrant la porte de son appartement. Nous pénétrons alors dans un modeste deux-pièces, sombre, quasiment vide.

Quelques tableaux de peintres naïfs sont accrochés aux murs. J'aperçois la cuisine, une vieille table en Formica bleue et seulement une chaise. Je sens le poids de la solitude qui enveloppe cette femme qui vit seule. Quant à Electra, tout à son aise, elle se dirige vers la chambre, se glisse sous le lit et en ressort une nouvelle peluche en gueule.

— Vous voyez, votre chienne a ses habitudes ici. C'est un bonheur quand elle vient nous voir. Elle joue quelques instants avec mon petit Fidji, puis redescend. Je vous remercie de la laisser venir chez moi ces quelques minutes.

De retour à la maison, j'ai envie de me mettre une paire de claques. Comment n'ai-je pas vu le bien que ma chienne et moi pouvions faire à cette femme ? Mon égoïsme s'est exprimé dans toute sa bassesse. Je n'oublierai jamais la leçon que cette femme et ces chiens m'ont donnée ce jour-là. Au cours des semaines suivantes, j'apprends que son mari est mort d'un cancer il y a quelques années. Elle a un fils qui vit en province et qui ne vient presque plus la voir. Si elle a appelé son compagnon à quatre pattes Fidji, c'est en souvenir du voyage de noces qu'elle a fait avec son mari sur ces îles. Les quelques années où je serai encore dans le quartier, je ne manquerai pas une occasion de lui rendre service. La solitude affective que vivent certaines personnes est sans nul doute le mal du siècle.

**Les animaux de compagnie peuvent jouer un rôle vital dans cette société moderne si individualiste. Ils ne font pas que combler un vide, ils nous amènent également à nous reconnecter à l'essentiel, à nous-mêmes.**

Enfin ! Mon quatre-vingt-dixième jour d'abstinence s'est écoulé. Je pensais qu'une horde d'anges venus du ciel feraient claironner leurs trompettes célestes dans les cieux pour fêter ma belle victoire… Mais rien… Electra est anormalement agitée. Elle reste collée à moi. Un drôle de pressentiment me serre le cœur. Des tas d'histoires sur les animaux relatent qu'ils ressentent avant les êtres humains l'arrivée d'événements dramatiques, des maladies aux catastrophes naturelles comme les tsunamis. J'appelle une amie de mes groupes de parole pour célébrer cette belle victoire. Même si je sais que j'ai signé pour une abstinence *ad vitam*, c'est un véritable exploit dont je ne me serais jamais senti capable seul. Accompagné par mes fidèles amis, mais aussi par une puissance, une présence, une conscience sur laquelle j'ai encore du mal à mettre le mot « Dieu ». J'ai appris à me tourner vers elle, à demander de l'aide, à accepter ma vulnérabilité. Un long travail de remise en question dont je ne suis qu'au début.

*

Pascale débarque chez moi à neuf heures. Cette grande Libanaise à la tignasse rousse a le don de tout prendre à la légère, cependant, elle a réussi à rester abstinente depuis un an. Cela me paraît dément. C'est une extraterrestre pour moi. Elle m'a raconté ses dernières vacances à la montagne. Noël, jour de l'An sans une goutte d'alcool ! De mon côté, j'ai cette année soigneusement évité de passer les fêtes en famille. Trop de tentations. Ce fut un moment triste et solitaire, mais un cap essentiel à traverser. Alors que nous sommes prêts à sortir pour aller faire péter des bouchons de bouteille d'Évian au restaurant, Electra fait des cercles autour de moi en gémissant. Je la regarde et lorsque je relève la tête, je vois mon amie Pascale me scruter droit dans les yeux avec inquiétude.

— Stéphane… Ça va ?

— Oui… Pourquoi ?

— Regarde ton pantalon.

J'aperçois le côté droit trempé. Je me suis uriné dessus sans m'en apercevoir.

Tout va aller très vite. Pascale me convainc de passer aux urgences de l'hôpital le plus proche. J'ai un mauvais pressentiment, et j'ai le réflexe d'appeler ma tante Isabelle qui habite non loin de l'hôpital Cochin pour y déposer ma chienne. On ne sait jamais… la nuit pourrait être longue.

Elle le sera…

Chapitre 2

# LES RETROUVAILLES APRÈS UNE LONGUE ABSENCE

Je reste hypnotisé par la flamme de la bougie. Plantée dans une simple part de tarte aux pommes, cette bougie représente tout un symbole. Autour de moi, quelques personnes attendent que je la souffle. J'hésite. Une foule de souvenirs se bousculent dans mon esprit. Un an. Je suis passé de mes quatre-vingt-dix jours d'abstinence à trois cent soixante-cinq ! Les opérations du dos, l'hôpital, le long séjour chez ma mère avec mes couches et ma sonde urinaire. Et aujourd'hui le centre de rééducation de Basse-Normandie. Quel parcours. Je n'aurais jamais pensé tenir. La douleur, puis le handicap. La hernie discale paralysante m'a foudroyé. Cloué sur place. Quelques larmes coulent sur mon visage. Une femme qui est allée chercher la tarte au supermarché local me sourit. Elle sait. Elle comprend. Nous sommes tous réunis dans une salle de mairie de la ZUP* de Granville. Certains ont perdu leur permis de conduire et

* Zone à urbaniser en priorité. Procédure administrative, appelée à l'origine « zone à urbaniser par priorité », en vigueur en France entre 1959 et 1967, destinée à faire face à la demande croissante de logements.

font des kilomètres en stop ou en autocar pour assister à cette thérapie de groupe. Ils tiennent. Ils se soutiennent. Chaque jeudi soir depuis mon arrivée au centre de rééducation fonctionnelle du Normandy, je viens pour ne pas oublier. Pour trouver du réconfort avec de parfaits inconnus qui sont devenus ma véritable famille de cœur. Du côté de celle de sang, personne n'est venu. Je ne leur en veux pas. J'ai appris à ne plus faire cela pour quiconque. Ni petite amie, ni frère, ni père ou mère. Ma vie est en jeu et depuis ce soir de mars où j'ai laissé ma chienne auprès de ma tante, je m'y accroche.

Je souffle la bougie en pensant à Electra que je dois bientôt retrouver. Mes amis applaudissent, me prennent dans leurs bras et me félicitent pour mon année d'abstinence. Ce jour-là, je comprends l'importance de la solidarité humaine dans des situations de désespoir. Je ressens également la formidable force qui existe en nous, qui peut se connecter à une autre, plus grande que nous et qu'importe le nom qu'on lui attribue. Pour simplifier, je l'ai finalement nommée Dieu. Pourtant, je ne suis pas vraiment un bon petit catholique. Mes années de catéchisme dans un collège de jésuites m'ont plutôt éloigné de la religion.

Je me reconnais plus dans la phrase de David Bowie : « *La religion est pour les gens qui ont peur de l'enfer, la spiritualité est pour les gens qui ont été en enfer.* » Je la partage avec le groupe, et nous partons tous d'un long fou rire. Chacun d'entre eux revient de l'enfer. Même si nos histoires sont différentes, elles se rejoignent toutes. Si je viens d'un milieu bourgeois parisien et qu'*a priori* rien ne semble pouvoir me lier à ces hommes et à ces femmes qui, pour la plupart, sont des ouvriers ou des chômeurs longue durée, nos combats contre la maladie de la dépendance à l'alcool font de nous de vrais frères et sœurs.

J'arrive tard le soir à la gare Montparnasse. En descendant du train, je regarde la distance qui me sépare du quai à la station de taxis. Mon périmètre de marche reste restreint, et les douleurs sont toujours fulgurantes. Je ne pensais pas qu'un an après les opérations, j'en serais encore là. J'enrage. Je tiens en pensant à la joie de retrouver ma chienne le lendemain. Je suis convaincu, que personne, homme ou animal, ne peut vivre sans recevoir ou donner de caresses. Presque six mois que je n'ai pas senti sa présence rassurante à mes côtés. Que je n'ai pas passé ma main sur son pelage cendré et senti sa truffe se coller sur mes joues. J'ai l'impression d'être tel Ulysse qui revient de son long voyage sur l'île d'Ithaque. Son fidèle compagnon Argos est devenu un vieux chien. Malgré son déguisement, il sent l'odeur de son maître et le reconnaît quelque vingt années plus tard. Il ne l'a pas oublié. Adolescent, ce passage de *L'Odyssée* m'avait bouleversé :

> « *Il reconnut Ulysse en l'homme qui venait et, remuant la queue, coucha les deux oreilles : la force lui manqua pour s'approcher du maître. Ulysse l'avait vu : il détourna la tête en essuyant un pleur [...]. Mais Argos n'était plus : les ombres de la mort avaient couvert ses yeux qui venaient de revoir Ulysse après vingt ans**. »

⋆

Le jour se lève, après une nuit sans sommeil à échafauder les différents scénarios possibles de nos retrouvailles. J'attends ma tante qui me ramène Electra. C'est ridicule, j'ai la sensation

---

* Homère, *L'Odyssée*, chant XVII, vers 290-327.

inconfortable d'être un jeune amoureux qui retrouve sa fiancée après une longue séparation. Va-t-elle me reconnaître ? Comment est-elle ? Elle avait six mois quand je l'ai laissée, elle a plus d'un an maintenant. J'ai vu différentes vidéos et photos d'elle durant ces longs mois. Elle est souvent en compagnie de la chienne de ma tante, une jeune femelle cocker blanc, noir et gris du nom de Willie. Elles semblent se chamailler autant que s'adorer. Nous leur donnerons le surnom des « sœurs fâchées ». Je sais qu'elle va bien, mais j'appréhende ces retrouvailles.

L'Interphone sonne. J'ouvre ma porte qui donne sur une petite cour extérieure entourée d'arbres. J'aperçois derrière la porte vitrée la tête de ma chienne qui semble faire des bonds pour regarder au-dessus. Le sésame s'ouvre et les deux fauves s'engouffrent dans son entrebâillement, courant dans la cour, hurlant l'une sur l'autre. J'attends. Je les laisse. Puis c'est Electra qui s'arrête d'un coup. Elle semble prendre subitement conscience du lieu où elle se trouve. Je ne bouge pas. Ma tante s'est, elle aussi, immobilisée sur le pas de la porte. La truffe d'Electra semble renifler l'air autour d'elle. Elle ne m'a pas encore vu. J'avance doucement et ouvre la petite grille qui donne sur mon jardin. Je m'agenouille. Sa tête ébouriffée de griffon se tourne vers moi. Un long hurlement de joie résonne dans la cour au moment où nos regards se rencontrent. Elle s'élance vers moi. J'ouvre mes bras et j'accueille cette boule d'amour qui s'y jette. Nous roulons tous deux au sol. Je pleure. Je ris.

Le soir même, alors que je m'allonge dans mon lit, je retrouve cette sensation indescriptible qui m'habite quand ma chienne est dans l'appartement. Ce n'est pas grand-chose. Une respiration. Un soufflement. Un vague grognement qui signale un bruit inconnu. Je n'ai pas dormi comme ça depuis des semaines.

Au réveil, comme il y a quelques mois, une de mes chaussettes se présente sous mon nez. Electra fait le tour du lit. Me présente la chaussette à nouveau. Je comprends. Je m'en extrais péniblement. J'ai horriblement mal. Me lever est un calvaire. Je m'appuie sur mon lit, puis sur une commode. Tant bien que mal, j'enfile mon pantalon, attrape la laisse et la sors. Ces quelques mois sans moi l'ont rendue à son état de jeune chienne fougueuse. Elle tire trop et manque de me faire tomber. La douleur dans le bas de mon dos se réveille. Je hurle. J'ai envie de la frapper. Ma violence m'effraie. Je rassure Electra qui s'est arrêtée net et me regarde, apeurée. Il va nous falloir du temps pour nous retrouver et nous rapprivoiser. Il faut qu'elle comprenne et s'adapte à mon nouveau handicap. En rentrant de notre balade, j'appelle Olivier, le comportementaliste.

Le rendez-vous est pris pour le lendemain au bois de Boulogne. Je lui ai raconté au téléphone l'épisode du canard, nous décidons de retourner sur les lieux du crime. Olivier est heureux de retrouver Electra. Elle aussi, elle lui fait une fête incroyable. Nous marchons ensemble en direction du lac. Au bout de plusieurs pas, il remarque mes difficultés. En quelques mots, je lui raconte le parcours du combattant des derniers mois.

— Alors, c'est pour ça que tu es là ? dit-il en se penchant vers elle.

Electra lève à peine la tête, mais je jurerais qu'elle a compris le sens de sa phrase. Elle tire sur la laisse à la vue d'un canard qui vient de s'envoler.

— Tout doux, ma belle. Ton maître a des problèmes de santé. Apprends à ne pas tirer.

Il me tend la laisse. Elle donne une impulsion qui tend mon bras et tire dans le bas de mon dos. La douleur revient. Je serre les dents.

— Tire un coup sec dessus, m'ordonne-t-il.

— Je vais lui faire mal.

— Un peu, mais il faut qu'elle comprenne.

Je saccade la laisse. Elle stoppe net, tourne la tête vers moi et me jette un regard accusateur.

— Ne la regarde pas, m'ordonne Olivier. Elle va t'avoir chaque fois si tu le fais. C'est son truc, ne l'oublie pas.

Je ne bronche pas et dirige mon attention ailleurs. J'apprends à dompter mes émotions et à ne rien laisser paraître. Cette chienne est de plus en plus connectée à mon être, je ne dois pas laisser ma voix trahir les fragilités qui subsistent de mon passé.

— Il faut que tu recrées le lien avec elle. Cela fait des mois que vous ne vous êtes pas vus. Le meilleur moyen de le retrouver, c'est le jeu.

Olivier sort une balle de tennis de sa poche.

— Le simple fait de la lancer et qu'elle te la ramène est comme un ballet d'intentions et de réponses. Vous allez entrer dans un rythme fait de jeux quotidiens. À deux mois, les enfants coordonnent déjà leurs gestes sur ceux de leurs mères, surtout en ce qui concerne les imitations faciales. Chez les chiens, leurs regards captent à une vitesse surprenante la trajectoire de la balle en même temps que la joie que peut te procurer le geste. La réponse s'opère aussi vite dans le réflexe à la ramener. Cela peut te paraître ridicule, mais le chien entre dans une véritable communion avec son maître autour de l'objet. On va également essayer de trouver une autre activité que vous pourriez faire tous les deux. Le message est simple : nous sommes deux, nous jouons ensemble et nous avançons ensemble.

La simplicité de cet exercice va me permettre d'approfondir la communication que je développe avec Electra.

**Les chiens franchissent facilement cette ligne qui démarque nos différentes espèces en se coordonnant avec nous.**

— Des chercheurs ont d'ailleurs prouvé que cette relation homme-animal est très proche de celle qui existe entre un homme et une femme dans leurs rapports de séduction. Ils ont démontré que cela pouvait également s'apparenter aux rapports qu'ont les joueurs de football sur un terrain, avec la coordination qu'ils développent entre eux. C'est un travail d'équipe qui se met en place, ajoute Olivier.

Nous faisons encore quelques exercices de rappel. Je suis éreinté. J'ai peu d'énergie. Olivier le comprend et travaille dans ce sens au cours des séances suivantes. Electra m'attend. Elle s'éloigne moins longtemps et le périmètre entre nous se rétrécit. Je commence même à la détacher de sa laisse de temps à autre. Elle reste à mes côtés, marche à mon rythme. J'ai l'impression d'avoir un coach qui me pousse à rallonger mon effort. Des bords du parc, je fais quelques pas jusqu'à un banc à environ cinquante mètres. Quelques semaines plus tard, nous allons de l'autre côté, je rajoute cinquante mètres. Electra me surveille. Nous croisons de vieilles connaissances. Les chiens se reconnaissent et reprennent leurs jeux habituels comme s'ils s'étaient quittés la veille. Cette spontanéité m'émerveille chaque fois. Malgré les douleurs qui continuent de me déchirer le bas du dos, ces promenades sont des instants de paix et de sérénité.

Curieux, je fais des recherches sur les explications scientifiques sur cette sensation de bien-être que me procure la présence de ma chienne.

J'apprends que le simple fait de caresser un chien a un effet immédiat sur notre système parasympathique. En quelques minutes, le rythme cardiaque ralentit et la pression artérielle baisse. Notre niveau d'endorphine (hormone du bien-être), d'ocytocine et de prolactine (hormones qui influent sur nos relations sociales) est plus élevé quand nous sommes en présence de chiens. De même, le taux de cortisol (hormone du stress) est réduit.

Mes outils de thérapie sont désormais mes groupes de parole, le yoga et ma compagne à quatre pattes ! Car, depuis mes opérations du dos, socialement et professionnellement, il m'est très difficile d'être dans la vie active. Je vis en périphérie, en reclus, je m'isole.

Electra est couchée à mes pieds. Elle est calme. Je ne sais pas lequel de nous deux cale le plus sa respiration sur celle de l'autre. Je viens de commencer des stages de yoga en Allemagne, j'ai l'impression de faire des exercices de *pranayama* avec ma professeure. Je souris. Je prends une longue inspiration et expire profondément. Des pieds du canapé, j'entends une longue expiration qui sort de sa truffe. J'éclate de rire.

Une autre motivation de taille m'a été insufflée par un professeur en orthopédie de renom que je rencontrai près de Nice.

Peu avant de me tourner vers la pratique du yoga, j'avais rencontré le professeur Farcy qui résidait l'été dans sa maison sur la Côte d'Azur et le reste de l'année à New York. Il s'était spécialisé dans les grandes déformations rachidiennes, et j'avais alors sérieusement besoin d'un avis médical autre que celui de neurochirurgiens prêts à m'opérer une troisième fois. À l'époque, mes espoirs de vivre sans douleur étaient quasi inexistants. Chaque pas était un exploit tant les douleurs déchiraient mon bas du dos en permanence. Quelques années plus tard, je l'avais revu à New York où il consultait. Il me fit la confidence qu'il ne pensait pas me revoir vivant. Connaissant ma dépendance à l'alcool et voyant mon état physique désastreux, il redoutait que je ne puisse m'en sortir. Mais de notre entrevue à Nice, je me rappelle aussi cette histoire qu'il me raconta et qui me fit comprendre à quel point ma chienne m'accompagnait dans mon rétablissement physique.

Alors que le professeur Farcy exerçait son métier à l'université de Columbia, à New York, il habitait une petite ville au nord de l'État. À son arrivée, il fit la connaissance d'un voisin très sympathique qui partait régulièrement en balade avec ses deux labradors. Ils étaient si bien dressés qu'ils n'avaient pas besoin d'être tenus en laisse. Le temps passa et, après la mort de ses deux chiens, le voisin en adopta deux autres, d'une autre race, des goldens retrievers. Il continua ses promenades quotidiennes avec ses fidèles compagnons. Les années passèrent, et le professeur se mit à le croiser de moins en moins. C'est à l'occasion de vœux de bonne année chez leurs voisins communs qu'ils se retrouvèrent. Professeur Farcy lui fit part de sa surprise de le voir sans ses chiens qui l'accompagnaient tout le temps. Son voisin lui répondit que le dernier de ses chiens avait terminé sa vie et qu'il n'arrivait pas encore à le remplacer. Ainsi, au fil des mois qui suivirent, les rares fois où le professeur Farcy l'aperçut, il constata que son regard se dirigeait chaque fois un peu plus vers le sol et que son attitude était de plus en plus voûtée. Lors d'une réunion chez des amis communs, il ne se put s'empêcher de lui en faire la remarque. Le voisin lui répliqua sèchement qu'il était très occupé par son travail et esquiva les conseils de posture du professeur. Dix-huit mois plus tard, c'est sa femme qui vint demander une consultation pour son mari, tant une lombalgie persistante l'invalidait et l'avait sédentarisé. Il lui fit faire des radios qui confirmèrent la perte du bon alignement de son squelette qui avait entraîné la lombalgie, puis la sédentarité. Il fallait à tout prix que ce dernier retrouve un changement profond de mode de vie pour retrouver une posture parfaite qu'il avait jusqu'alors pu maintenir grâce... à ses chiens !

J'avais alors demandé au professeur Farcy en quoi se promener avec son chien pouvait bien redresser une colonne. Sa réponse fut simple :

— Un chien qui aurait besoin d'espace, de grandes promenades en terrain accidenté, obligerait ainsi son maître à regarder plus haut, plus loin devant, et surtout, à mieux soulever ses pieds à chacun de ses pas.

Quelque temps plus tard, il ne fut donc pas surpris de croiser son voisin avec un nouveau labrador, Puppy. Il remarqua très vite que, grâce au chien et à leurs promenades, la posture du maître commençait à se rétablir, et surtout il retrouvait son enthousiasme. Puppy était arrivé au bon moment. Quelques mois plus tard, et il aurait peut-être été trop tard. Malgré mes difficultés de déplacements de l'époque, je n'avais pu m'empêcher de penser à mes promenades, même courtes, avec Electra. Le professeur Farcy avait conclu en m'expliquant qu'il existait bien un lien indéfectible entre la posture, l'équilibre et la qualité de vie. Qu'une simple modification de la posture peut avoir des conséquences aussi bénéfiques que néfastes*.

*

Depuis cette rencontre, mes promenades au Champ-de-Mars sont plus que jamais devenues un rituel. J'ai peur de me voûter.

---

* Jean-Pierre Farcy, *L'Équilibre, un septième sens*, La Bourdonnaye, édition numérique, 2012.

Les paroles du professeur Farcy résonnent encore en moi. En promenade, je regarde loin devant et garde une posture bien droite. Certaines fois, je prends un bâton que je glisse sous les bras pour me caler. Ma grand-mère Simone me demandait de le faire quand nous partions ensemble nous promener sur les chemins qui serpentaient autour de sa demeure près de Pacy-sur-Eure. Cela m'énervait autant que ses plats bio et ses leçons de morale. Pourtant, c'était la première à avoir repéré mes tendances destructrices. Un jour, elle m'avait lancé : « Tu as du talent, soit il te fait avancer, soit il se retourne contre toi. » Perspicace.

Mes journées sont maintenant ponctuées de balades avec Electra et de réunions de dépendants. C'est tout ce que je peux faire. Alors, depuis que j'ai rencontré cette professeure de yoga dont je commence à suivre régulièrement les stages en Allemagne, je m'ouvre à un nouveau chemin qui va modifier, voire approfondir, ma relation avec ma chienne. Je plonge dans l'histoire et les fondamentaux de cette pratique millénaire, comme un naufragé s'accroche à une bouée. En complément du programme spirituel de mes thérapies de groupe, j'y trouve une aide infinie. L'investissement est énorme. Chaque fois que j'ouvre une porte, une dizaine d'autres apparaissent, et le travail me semble insurmontable. Je suis petit. Je suis un géant. Je me prends pour un Bouddha lévitant au-dessus des arbres, puis pour un escargot rampant entre les pierres. Je me perds mille fois pour me retrouver une seule fois. J'ai peur. Je suis euphorique. La vie me paraît dure et injuste. Ma colère va tout détruire. Famille, amis, tout ce qui bouge et respire sur la surface de la Terre. J'aime le monde entier. Je veux faire du bien à chaque être vivant que je croise. Oiseau, ver de terre, clochard, sultan. Je plane sur des idéaux et je m'écroule sur des réalités. J'ai envie de vider une bouteille entière de vodka et de rester abstinent pour le reste de ma vie. Je crois au bonheur éternel, puis je ne crois plus en rien. Mon mental m'entraîne dans des zones sombres alors que la connexion à l'énergie de mon cœur m'apaise. Je la trouve lors des séances de méditation faites au monastère zen où je me rends chaque trimestre, non loin de Francfort. Je la trouve dans les paroles pleines d'espoir de mes amis abstinents qui ont, comme moi, touché un fond. Je la trouve dans le regard d'Electra.

Chapitre 3

# CE LIEN INVISIBLE ENTRE L'HUMAIN ET L'ANIMAL

Tous les matins, je pratique une courte série de postures de yoga, comme me l'a indiqué ma professeure de yoga Thérèse. « Pratique, pratique, pratique », m'a-t-elle répété. Ma chienne regarde avec curiosité ce nouvel objet plat rectangulaire que je pose devant moi. Mon tapis de yoga. Elle vient y rôder dès que je le déplie. Elle passe dessus une première fois. Puis une deuxième. Elle baisse son museau et flaire l'étrange chose. Quand je commence ma série d'exercices, elle se poste au bout du tapis et me fixe de son regard. J'essaie de garder mon sérieux, j'étire mes bras vers l'avant, je pose mes fesses sur mes talons, puis j'inspire et j'expire longuement. Electra penche la tête de côté comme si elle étudiait cette drôle de position. Je remonte le dos en gardant mes mains plaquées au sol et prends la posture du chien tête en bas pour bien étirer ma colonne. Je ne rêve pas. Ma chienne prend la même posture. Je m'écroule de rire sur mon tapis. Cette nouvelle cérémonie a lieu désormais tous les matins. Après plusieurs semaines, cela fera même partie d'un rituel. Le plus impressionnant est qu'à chaque fin de séance, lors de la dernière posture de relaxation, *savasana*, Electra ne bouge pas une oreille tout le temps de ma méditation. Comme si elle se branchait sur mes fréquences cérébrales et accompagnait mon état de calme intérieur. Cette nouvelle forme de communication, tout en subtilité intuitive, va se développer et s'affiner au cours des années.

Le scientifique anglais Rupert Sheldrake* parle de communication non localisée entre les chiens et leurs compagnons humains. Beaucoup sont sceptiques à ce sujet, mais personnellement j'en suis persuadé. Les animaux qui vivent avec nous sont capables de deviner nos intentions. L'un des exemples les plus frappants eut lieu au retour d'une promenade au parc. Une forte pluie avait parsemé le terrain de jeux d'Electra de flaques d'eau boueuse. Elle n'en avait pas raté une. De retour à la maison, en ouvrant la porte, je pensai très fort au fait qu'une douche s'imposait. Si les chiens adorent se rouler dans l'eau boueuse, je peux vous affirmer qu'ils détestent le passage à la douche ou à la baignoire qui suit.

Cette intention à peine formulée en pensée, je vis ma chienne traverser l'appartement, se diriger vers la salle de bains, y entrer et m'attendre devant la douche. Je restai immobile quelques instants, sidéré.

**Pour le chercheur anglais, il ne fait aucun doute que certaines personnes sont en *corrélation* avec leur chien. Elles sont synchronisées. Les exemples de cette synchronicité**

---

* Rupert Sheldrake, *Les Pouvoirs inexpliqués des animaux* (*Dogs that know when their owners are coming home and other unexplained powers of animals*, 1999), traduction de Jérôme Bodin, éditions J'ai Lu, collection « Aventure secrète », 2005.

**semblent d'ailleurs nombreux chez les animaux, car ils sont davantage en contact avec la nature essentielle des choses.**

Pour prouver ce fait, Sheldrake a mis en scène, pour la chaîne de télévision anglaise BBC, un chien et sa maîtresse dans leur maison londonienne. Une caméra est installée dans le salon de la femme et une autre la suit alors qu'elle quitte son domicile et part se promener. Les deux filment en même temps. À peine a-t-elle claqué la porte de chez elle que le chien s'installe sur le canapé du salon. De son côté, la femme continue sa promenade dans les rues, jusqu'à un moment imprévu, où elle décide de rentrer chez elle. À cet instant précis, où elle fait volte-face et reprend la direction de sa maison, le chien descend du canapé et se poste devant la porte d'entrée.

Je m'étais absenté une semaine en Allemagne pour l'un de mes stages de yoga trimestriel. J'avais laissé Electra dans la maison de campagne de famille à une centaine de kilomètres à l'ouest de Paris. Un couple de gardiens qui y demeurent à l'année avait accepté de la garder. De retour à Paris le dimanche matin, mon avion avait atterri tôt à l'aéroport de Roissy. Pressé d'avoir des nouvelles de ma chienne, j'avais appelé mes dog-sitters dès que je fus dans le taxi. Le gardien me répondit et, étrangement, me demanda à quelle heure mon avion avait atterri. Je ne compris pas tout de suite le sens de sa question. « Sept heures et demie », lui avais-je dit. Il éclata de rire et m'expliqua qu'à cette heure-là exactement, ma chienne avait frénétiquement gratté à leur porte d'entrée, était sortie et s'était postée devant le portail d'entrée de la propriété.

Ce ne fut pas la seule fois où je pus constater ce type de comportement. Dans d'autres lieux et à d'autres heures. Il n'est donc pas possible de l'expliquer en fonction d'habitudes ou de routines et encore moins en imaginant que son odorat serait tellement développé qu'elle pourrait sentir ma présence à des centaines de kilomètres.

Je me rappelle un pisteur en Afrique, où j'étais parti faire un safari-photo, qui m'avait dit qu'en tant qu'êtres humains nous sommes aveugles et sourds. Il m'avait expliqué que si une épingle était jetée du ciel, l'aigle la verrait, l'antilope l'entendrait et l'hyène la sentirait. Nous, rien de tout ça. Nous nous sommes lentement éloignés de la nature et de ses messages. Quand je vois les réactions de ma chienne alors qu'elle marche truffe au vent dans la forêt, je comprends une chose essentielle, elle se sent faire partie de tout ce qui l'entoure. Alors que moi, je n'en suis que le spectateur. J'ai envie d'apprendre. J'ai envie de me fondre dans cette forêt comme elle. D'en humer les parfums, qu'ils pénètrent chacune de mes cellules. De sentir le sol humide sous mes pieds. D'entendre le moindre bruissement furtif des feuilles dans les arbres. C'est cela que me fait découvrir Electra. Ne plus cheminer à toute allure, prisonnier de mes pensées, mais prendre le temps de poser un pas devant l'autre en pleine conscience de mon mouvement. Regarder la moindre brindille comme une œuvre ultime de la création. Savourer la goutte de pluie qui tombe sur mon front. La laisser couler sans l'effacer d'un revers de la main. À ce moment-là, et à ce moment-là seulement, je pourrai connecter mon être à ce tout qui vibre et s'anime autour de moi.

L'outil qui va me faire progresser dans cette direction est le yoga avec ses exercices de méditation et ses chants. Après presque un an fait d'allers-retours trimestriels dans le centre de retraite spirituel en Allemagne, je ressens des progrès physiques, mais aussi émotionnels. Mon corps et mon esprit apprennent à se connecter. Ils s'apprivoisent. Graduellement, j'assouplis l'un, puis l'autre. J'avance sur ce chemin un sac sur le dos, lourd de toutes mes peurs, de mes ressentiments et de mes résistances. J'apprends à déposer le poids de l'un ou de l'autre sur le bas-côté. Pour, quelques mètres plus loin, en ramasser d'autres. Le travail me paraît sans fin. J'entrevois un peu de lumière. Puis c'est le noir. Alors, quand ce voile sombre plane sur ma tête, je regarde ma chienne et je me dis qu'il n'est pas question de la laisser derrière. Je me mets à lui parler. Je lui dis que l'on va s'en sortir. Les larmes coulent sur mes joues quand j'enfouis mon visage dans son pelage. Je la serre fort. Elle ne bouge pas. Je sens sa respiration. Je respire avec elle. Cela dure quelques minutes. Cela m'apaise.

*

Au réveil, un pluvieux matin d'octobre, la vie me semble beaucoup plus oppressante que d'habitude. J'ai du mal à me lever. Les douleurs sont cinglantes. L'effort que je fournis pour aller à la salle de bains m'épuise. Quand nous sortons faire notre première balade, il est déjà tard. Le traiteur chinois en face de l'immeuble est déjà ouvert. J'aperçois les bouteilles de rosé dans sa vitrine. Je détourne le regard et accélère le pas. J'ai encore plus mal. Un sentiment de rage inouï parcourt mon corps. J'en étouffe. J'en ai marre de m'accrocher. Marre d'essayer de m'en sortir, d'être ce bon petit soldat sobre et yogi. Rien à foutre. Je veux tout péter. Je veux plus que ça. Je veux me mettre en miettes à nouveau. Non. J'ai une meilleure idée. Partir. Partir pour toujours. Tel un automate, en repassant devant le traiteur, j'entre et j'y achète quatre bouteilles de rosé. Je repars d'un pas précipité chez moi, traînant Electra derrière moi qui tire fort sur la laisse, voulant sans doute freiner mon élan destructeur. Une fois dans la salle de bains, je prends tous les médicaments que j'ingurgite depuis des mois pour mes douleurs chroniques. La liste est longue. Il y a à peu près tout ce qui finit par un « -il » ou un « -in ». Je m'assieds sur le canapé et vide les boîtes. Je saisis un tire-bouchon et ouvre la première bouteille de rosé. Pas de verre. C'est au goulot que je vais m'achever. Plus rien ne compte. Plus rien... C'est alors qu'une ombre se poste devant moi. Je ne vois que deux yeux brillants, je jurerais qu'ils m'implorent d'arrêter mon geste. J'hésite. Les yeux d'Electra me fixent. L'amour inconditionnel que j'y lis ce jour-là me fait renoncer à mettre fin à mes jours.

J'ai honte d'avoir réagi aussi précipitamment sur ce profond sentiment de désespoir. En fin de journée, je me rends à une thérapie de groupe. J'approche des deux ans d'abstinence et il est essentiel que je sois le plus honnête possible. Que, surtout, je n'enfouisse pas au plus profond de moi ces pensées destructrices. Je l'ai fait pendant des années, et le résultat a été une véritable implosion de tout mon corps et de mon mental. La reconstruction et la guérison passent par cette étape. Ma professeure de yoga en Allemagne me l'enseigne également.

Après avoir partagé les événements qui ont failli me faire replonger dans les spirales de la destruction, je ressens un grand soulagement, et plusieurs de mes camarades viennent me prendre dans leurs bras pour me réconforter. Une chose nouvelle pour moi. Un contact humain que j'ai peu connu dans ma famille. Pudeur d'une éducation bourgeoise, ce n'est pas un geste familier. Pourtant, la chaleur humaine que nous partageons lors de ces accolades est d'un immense soutien. Electra ne me quitte pas d'un centimètre. Plusieurs personnes viennent me féliciter, puis l'attention se tourne vers la star de cette réunion. Une nuée d'hommes et de femmes viennent la caresser et lui parler. Stoïque au milieu de la salle, elle ne bouge pas. Comprend-elle ? Elle reçoit les honneurs avec patience, et cela semble lui plaire. Je la regarde du coin de l'œil. Elle aussi, avec ce regard en biais qui la caractérise, qui pourrait bien me dire : « Ne fais plus l'imbécile, il y a de l'amour tout autour de toi... Et pour toi. »

Tous ces instants de partages, heureux ou dramatiques, continuent de nous lier sur le chemin que nous faisons ensemble depuis plusieurs années. Je crois bien connaître ma fidèle compagne à quatre pattes, jusqu'à ce que ses gènes reprennent le dessus. Certaines virées campagnardes vont me le démontrer.

Ce week-end de mai, il fait très beau et je n'ai qu'une envie, me rendre à la campagne et faire de longues balades avec ma chienne. Je me suis toujours ennuyé lors de marches en forêt, mais depuis qu'Electra est dans ma vie, c'est devenu une vraie joie de voir son entrain et une véritable exploration pour moi. Quand mon ami Carlos, qui loue une maison non loin de Mantes-la-Jolie, m'appelle pour me proposer de venir déjeuner chez lui, quelques minutes plus tard, je suis dans ma voiture et roule en direction de la Normandie. Après la sortie de l'autoroute, la nature se fait de plus en plus présente. La passagère de la banquette arrière se réveille de sa torpeur pour flairer ce nouveau bouquet d'odeurs. J'abaisse sa vitre, et elle sort sa tête. Nous répéterons cette scène chaque fois que nous traverserons un parc ou une forêt. Son besoin de nature est tel qu'elle ne ratera jamais une occasion de prendre une bonne rasade d'air campagnard en pleine truffe. C'est aussi l'occasion pour moi d'une franche rigolade quand je regarde dans le rétroviseur et aperçois ses babines retroussées par le vent et ses oreilles qui virevoltent dans les airs.

Après un long déjeuner avec mon ami, attablé à l'ombre d'un vieux chêne, je pars me promener le long d'une route qui longe un lac. Electra sautille tel un jeune chevreuil. Elle m'adresse de longues vocalises canines. Elle est heureuse. Jusqu'au moment où elle repère, à quelques mètres de nous, tranquillement en train de glisser sur la surface de l'eau, un canard. Elle s'arrête net. Je ne bouge plus non plus, intrigué par ce qui risque de se produire. Electra lève une patte, le corps entier toujours à l'arrêt. Puis, sous mes yeux, ma chienne se transforme en lionne. Son corps s'affaisse légèrement. Son cou s'allonge et toute son attention se fixe sur le volatile. Très lentement, elle avance une patte, puis l'autre. Je me dis que le canard va finir par s'apercevoir de la présence du loup-garou qui s'apprête à lui tomber dessus et filer à l'autre bout du lac. Mais non. Elle a réussi en quelques secondes à n'être plus qu'à un ou deux mètres de lui. Je n'ai pas vu le coup venir, elle a plongé sur lui et je la vois s'enfoncer dans l'eau. Quelques bulles apparaissent à la surface. Sa tête ressort. Elle regarde à gauche, à droite. Pas de canard. Puis ce dernier émerge à son tour et prend véritablement ses ailes à son cou pour voler de l'autre côté du lac. Electra ne se démonte pas et nage à sa poursuite. Arrivé de l'autre côté, le canard reprend son envol et refait le trajet en sens inverse. Ma chienne y retourne. Je regarde ce spectacle. Je ne cherche pas à intervenir. Je sais que tout son instinct naturel de chasseuse a pris le dessus. Je suis fasciné par sa ténacité quand la scène se reproduit pour la quatrième fois. Elle va bien finir par se lasser de traverser le lac d'un bout à l'autre. Je décide de la laisser, et je rebrousse chemin.

Je m'allonge dans l'herbe sous le chêne où nous avons déjeuné. Il fait bon. Le soleil baisse à l'horizon. Je m'assoupis puis m'endors pour de bon. Quand je me réveille, le soleil est maintenant en train de disparaître derrière les arbres de la clairière. Devant moi, une forme maculée de boue me fait face. J'aperçois dans la gueule de ma chienne un corps et des plumes qui s'agitent. Je bondis. Mon loup-garou est en train de grignoter le canard ! Je me lève et je demande à ma chienne de lâcher sa proie. Elle avance vers moi lentement, ouvre sa gueule et me tend le volatile. Je l'attrape dans mes mains et m'aperçois qu'il est encore vivant. Un bon chien d'arrêt ne tue pas. Si la proie vit encore, il la rapporte à son maître. Je ne chasse pas. Je n'ai jamais emmené Electra à la chasse. Elle n'en connaît donc pas les codes. Mais ce jour-là, ses gènes de griffon Korthals, croisement d'un braque français, d'un barbet et d'un pointer, remontant à plus d'un siècle pour chasser dans les marais hollandais, ont ressurgi.

Cette partie de chasse que je viens de vivre me laisse songeur. Le soir en m'endormant dans mon étroit lit en bois, je me surprends à revivre quelques-uns des instants de cette courte pratique de l'affût. Il me faudrait l'adapter à mon quotidien. Lors de nos balades quotidiennes, guetter le pigeon qui s'envole du trottoir, assis à la terrasse d'un café, attraper le sourire furtif d'une passante ou juste attendre sur un banc du parc la prochaine rencontre que fera ma chienne. Ne plus m'enfoncer dans un quotidien morose, mais m'élever par son sublime inattendu.

L'écrivain Sylvain Tesson le décrit dans son livre *La Panthère des neiges** quand, à la suite de la longue traque d'une panthère sauvage dans les hauts plateaux du Tibet, il se dit que « *les animaux incarnent la volupté, la liberté, l'autonomie : ce à quoi nous avons renoncé* ». C'est exact. Ils sont là sur cette Terre pour nous rappeler à nos sens les plus subtils et les plus primaires.

* Sylvain Tesson, *La Panthère des neiges*, éditions Gallimard, 2019, prix Renaudot.

Je pense à cette vie encore à l'état sauvage qui habite ma chienne, à ces animaux que j'ai pu observer lors de mon safari-photo au Botswana et au Zimbabwe en 2001. Perdu dans mes pensées sur le chemin du retour, je rate l'entrée de l'autoroute et me retrouve sur une départementale. Je souris, cela me rallongera le trajet et me permettra surtout de goûter encore un peu plus au spectacle de la nature. Il commence à faire doux, l'été pointe son nez alors que les jours rallongent. J'ouvre grand les fenêtres de la voiture et attends de voir la truffe se pointer au vent. Cela ne manque pas, Electra sort sa tête. Je conduis à l'instinct, prenant une direction puis une autre. Je vois les panneaux défiler indiquant Versailles, Orgeval, premier lieu de résidence de ma chienne, puis, comme une évidence, celui du parc zoologique de Thoiry apparaît devant moi. J'avais oublié qu'il était si près de Paris. Je décide de faire un détour.

Chapitre 4

# LES SANCTUAIRES

Je n'ai jamais aimé les zoos. J'ai le souvenir d'une sortie scolaire au zoo de Vincennes où je restai dévasté par la détresse d'un ours qui tournait en rond dans son espace réduit fait de béton et de verre. J'en avais pleuré, puis j'avais eu envie de tout casser et de libérer le pauvre animal. Le laisser repartir dans sa forêt, jouir des arbres et des rivières. Cette sensation était restée longtemps gravée en moi. Depuis, toute vision d'un animal en captivité me rend malade. Une autre fois, mon père nous avait emmenés, mon frère et moi, au zoo de Central Park, à New York. Cette fois-ci, ce fut un orang-outan, le front collé contre la paroi de sa cage, le regard perdu, qui m'avait bouleversé.

Malgré ces expériences traumatiques, quand nos parents nous amenèrent au parc de Thoiry non loin de Paris, j'y découvris un autre monde. Ils connaissaient bien le propriétaire du parc, Paul de La Panouse, et nous y fîmes une visite privilégiée. J'observais avec émerveillement les éléphants se déplacer avec leur majestueuse lenteur, les ours se faire les griffes sur les arbres et, surtout, nous assistâmes au déjeuner des tigres. Embarqués à l'arrière d'une Jeep digne de mon héros *Daktari**, nous vîmes de gros quartiers de viande qui leur étaient lancés de l'arrière du véhicule. La course-poursuite des tigres alliait un mélange de sauvagerie et de beauté. Les félins bondissaient de toutes parts et attrapaient au vol entre leurs griffes acérées leur repas. Le bruit de leurs rugissements remplissait le parc et transperçait nos corps. Je n'ai jamais oublié ce moment de grâce et de violence.

Au détour d'un virage, j'aperçois le château de Thoiry. Je m'arrête et sors de ma voiture. Electra, toujours la tête à la fenêtre, hume l'air. Elle gémit. Elle doit sûrement sentir l'odeur des animaux. Je regarde ce beau château Renaissance, et les souvenirs de mon enfance refont surface.

Je fais descendre ma chienne et marche quelques pas en direction du château. J'aperçois la grande étendue de gazon vert, bordée d'une petite haie posée devant la majestueuse façade du XVIe siècle. Le soleil descend lentement derrière. Alors que ses rayons traversent l'enfilade des fenêtres, je me rappelle une anecdote que nous avait racontée le propriétaire des lieux, qui fait partie des légendes du château. L'astre se coucherait à travers son vestibule qui est le pivot d'un calendrier solaire dont l'horizon est le cadran et les transparences des fenêtres les aiguilles. Une véritable merveille de l'architecture et de son esprit créateur, l'architecte Philibert Delorme, féru d'ésotérisme. En 1559, ce dernier avait ordonné les proportions de l'architecture du monument selon une

* Série télévisée américaine diffusée en France à partir de 1969, qui suit les aventures d'un vétérinaire qui dirige un centre d'études sur le comportement des animaux à Wameru, au Kenya.

géométrie sacrée fondée sur le nombre d'or* et les fréquences musicales. Il y a un mystère, une magie qui entoure ce lieu, car les solstices y étaient célébrés il y a déjà cinq mille ans. Mais pour moi, c'est surtout un sanctuaire qui accueille des animaux sauvages depuis plus de cinquante ans. J'ai envie de revenir sur les pas de mon enfance, et surtout de continuer à découvrir ce qui touche au monde des animaux et aux liens qui nous lient à eux.

⋆

Je n'ai pas eu de mal à retrouver les coordonnées de Paul de La Panouse. Au téléphone, je lui parle de mes parents et il semble même se souvenir de la visite de l'adolescent que j'étais. Nous convenons d'un rendez-vous.

Sitôt arrivé sur le perron du château, je ressens la même émotion qui m'avait envahi à l'époque. C'est fascinant de voir à quel point des lieux revisités réveillent en nous les états vécus dans le passé. Je me rappelle également avoir été très en colère ce jour-là, car mes parents m'avaient fait mettre un ensemble pull et pantalon kaki que je trouvais ridicule. Devant la fille du châtelain qui nous avait accueillis, je m'étais senti ridicule. J'en souris aujourd'hui, mais à l'époque, dans ma tête bornée d'adolescent, c'était la fin du monde.

Je retrouve l'entrée du château avec son long escalier qui serpente en colimaçon et son sol fait de carrelages blanc et noir.

---

* Lorsqu'on décompose un objet en deux parties inégales, on dit que la proportion est divine, ou dorée, si le rapport entre la grande partie et la petite est le même que le rapport entre le tout et la grande partie.

Je pénètre dans la première pièce et sous mes yeux se dévoile cette belle enfilade de salons : le blanc avec son clavecin, le vert avec sa majestueuse cheminée Renaissance jusqu'à la salle à manger et sa somptueuse tapisserie des Gobelins.

À l'autre bout, j'aperçois la silhouette du propriétaire des lieux. Appuyé sur une canne, Paul de La Panouse se déplace lentement. Mes parents m'avaient parlé d'un accident dramatique. Un éléphant l'avait attaqué et piétiné. Il m'accueille chaleureusement, et nous partons nous installer dans les larges fauteuils tapissés d'un beau tissu bordeaux de la salle à manger. Je suis curieux de mieux connaître l'histoire du lieu, et surtout sa vision sur l'avenir du règne animal. Je lui en fais part. Il appuie ses deux mains sur sa canne, me fixe des yeux à travers ses lunettes et me lance :

— Nous en savons encore si peu sur notre évolution. La différence entre les chimpanzés et l'homme, c'est que jamais ils ne pourront avoir la capacité du cerveau d'un homme, et cela est dû à la courbure de leur cou qui empêche le déverrouillage nécessaire du lobe frontal. Il faut aussi savoir qu'un chimpanzé à qui l'on retire son territoire meurt. L'homme a l'univers comme territoire, et nous ne cessons de rêver d'éternité. Celui qui parle le mieux de l'écologie et de la biodiversité, c'est le pape François dans son encyclique. C'est une merveille à découvrir. Je préfère cette vision positive à celle de Greta Thunberg qui retourne en arrière. Il faut tirer vers le haut.

— J'ai récemment assisté à un congrès à Rome sur la médecine quantique et l'épigénétique, je lui réponds. J'y ai appris que nous avons quatre-vingt-dix-huit pour cent de gènes identiques avec le singe. Apparemment, il y a deux cent mille ans, il y a eu mutation spontanée d'un gène qui se trouve sur le chromosome sept, ce qui nous a dotés de nouvelles capacités en tant qu'êtres humains anatomiquement modernes. Ce gène unique, appelé le FoxP2, nous a ainsi permis d'élaborer notre langage verbal. Pendant soixante-quinze millions d'années, il n'y a eu aucun changement chez les singes, en revanche, chez l'humain il y a eu ce petit changement de code génétique qui a tout bouleversé. L'autre grand mystère est celui d'un autre chromosome, le numéro deux, qui fascine les scientifiques depuis des générations. Il nous a donné cette qualité humaine qu'aucune autre forme de vie ne possède, qui peut créer les émotions et ainsi provoquer de la compassion, de la sympathie, de l'empathie ou même réguler nos comportements.

(Je découvrirai plus tard que les animaux sont eux aussi doués d'émotions et sont parfois autant dans l'empathie, si ce n'est plus, que les humains.)

— Oui, nous sommes donc passés à un autre seuil, me confirme-t-il. Il y a aussi des cellules qui ont perdu leur indépendance pour acquérir de l'efficacité. La vie est un miracle permanent !

— Quels sont vos rapports avec les animaux et la nature ? Comment ont-ils évolué au gré des années à leur contact ?

— Je suis né et j'ai été élevé à la campagne. Du coup, j'ai appris les fondements de mon métier avec un régisseur dans la forêt des Vosges. Il m'a guidé et m'a fait comprendre que la nature exige que l'on fasse des choix. On peut faire de notre Terre un paradis ou un désert.

— Quels sont les premiers animaux à être arrivés au parc ?

— Après avoir convaincu mon père de me soutenir dans cette folle aventure, alors que je n'avais que vingt-trois ans, le parc zoologique de Thoiry est né en 1963. Les premiers habitants étaient une éléphante boiteuse venant d'un cirque, que l'on a mise en compagnie d'une chèvre. Ont suivi deux lions et douze ours. J'ai très vite su que je voulais voir ces animaux en liberté et que ce serait l'homme qui serait en cage. Dans une cage à roulettes, la voiture ! me dit-il en rigolant.

— Les débuts ont été compliqués ?

— Oui, très. Surtout parce que j'avais tous les zoologistes contre moi qui disaient que c'était impossible à réaliser. Néanmoins, en seulement deux jours, les troupeaux se sont constitués avec chacun d'entre eux son bouc émissaire. Dans les zoos, les enclos étant petits, tout mâle supplémentaire devient un bouc émissaire. Et il est tué faute de pouvoir s'éloigner à une distance suffisante pour calmer l'agressivité du chef. Dans la nature, ce dernier est le premier qui meurt de faim, s'il n'y a plus d'herbe, et de soif, s'il n'y a plus d'eau. Il joue un vrai rôle dans l'équilibre du troupeau, et c'est ainsi que, malgré les critiques sur la petite taille de la réserve, ça a marché, car comme en Afrique il restait visible et proche du troupeau dont il préserve la sécurité. Il y eut même un éminent éthologue, le professeur Nouvel, qui écrivit au ministère pour m'interdire d'ouvrir. Celui qui m'a le plus soutenu est Jean Delacour, un homme exceptionnel. Ce zoologiste, botaniste et ornithologue avait été le directeur du Muséum d'histoire naturelle du comté de Los Angeles. À la suite d'un déjeuner, il m'a dit cette phrase qui me motiva plus que jamais : « Vous ne pouvez pas prouver que vous avez raison, mais personne ne peut prouver que vous avez tort. » Il ajouta que s'il avait eu mon âge, il aurait voulu s'associer avec moi. Je suis rentré chez moi avec des ailes qui me poussaient dans le dos.

— Vous avez un animal préféré ? je m'enquiers, curieux de sa réponse.

— J'aime beaucoup les éléphants, mais aussi les rats. Pour moi, chaque forme de vie est parfaite. Même un ver de terre. Si l'on comprend la fonction vitale de chacun d'entre eux, on comprend sa nécessité. Les animaux sauvages n'ont pas besoin de l'homme pour être heureux, moins celui-ci intervient, plus grande est la réussite. Durant toutes ces années, j'ai pu étudier leurs comportements affectifs et sociaux, et j'ai remarqué qu'ils sont pleinement dans le présent, à chaque instant qu'ils vivent. Je me suis attaché à certains plus qu'à d'autres, et parfois, au péril de ma vie comme cela a été le cas avec Tumbo.

— L'éléphant qui vous a attaqué ? je lui demande, me rappelant l'histoire que mes parents m'avaient racontée, adolescent.

— Oui, pourtant, je l'aimais beaucoup, et un très beau lien s'était tissé entre nous. Un jour, il est venu tout contre moi. Il m'a frotté de son menton sur ma tête en signe d'affection et d'un coup, sans aucun signe avant-coureur d'énervement, il m'a attrapé par sa trompe, m'a soulevé et m'a écrasé à terre, me brisant la jambe gauche. Alors que j'essayais de me relever, il m'a chargé quatorze fois d'affilée, essayant de me tuer. J'ai pu par miracle ramper jusqu'aux câbles électriques qui bordaient son territoire. Deux journalistes belges qui étaient présents sur les lieux sont venus m'aider et m'ont transporté à l'hôpital. Au dernier moment avant de m'extirper de l'enclos, j'ai reçu un coup dans l'estomac. L'éléphant avait saisi une pierre avec sa trompe et venait de me l'envoyer en plein ventre. Il recommença ce manège chaque fois qu'il me vit par la suite. En fait, je n'avais pas fait attention à un signe terrible. Ses glandes près de ses oreilles suintaient, ce qui indique un taux de testostérone extrêmement élevé. C'est le musth. Ils peuvent devenir fous et attaquer tout ce qui bouge autour d'eux. En Inde, durant cette période, le cornac l'attache et c'est un autre cornac qui le nourrit le temps que cela passe. Puis ce dernier disparaît et tout reprend normalement avec l'ancien cornac. Jusque-là, je n'avais jamais eu aucun problème avec lui. Quelques mois après cet accident, Tumbo a attrapé la salmonellose apportée par les mouettes du dépotoir de Plaisir situé à quelques kilomètres du parc. Une immense décharge qui a finalement était recouverte de terre pour devenir le point le plus haut d'Île-de-France. Une honte. En tout cas, le pauvre s'est effondré. J'ai beaucoup pleuré à sa mort.

— Il y a eu d'autres anecdotes moins tragiques ?

— Oui, une fameuse, qui me fait encore rire aujourd'hui. Nous avions installé une colonie de gibbons sur une île. Pour un concert que nous organisions, nous avions décidé de le faire sur l'île au milieu des singes. J'y ai donc acheminé un piano et j'en ai profité pour jouer quelques notes. À ma grande surprise, je me suis aperçu que les singes se mirent calmement à écouter les mélodies que je jouais. J'ai décidé de laisser le piano sur place, de m'éloigner et d'observer. Les singes arrivèrent, sautèrent sur le clavier comme des fous, jusqu'au moment où le chef du clan arriva. Il les chassa et se mit à appuyer sur chaque touche, l'une après l'autre délicatement, jouant note après note. Cela a duré plus d'une demi-heure ! On ne pourrait plus faire une telle chose aujourd'hui. Mais quelle leçon !

— Après avoir observé des animaux toutes ces années, vous pensez qu'ils ont un message à nous communiquer ?

— Oui. Tout ce qui vit a un message à nous communiquer, me dit-il d'un air convaincu. Je donne souvent des conférences sur le thème de « Nos arbres, nos frères de sève et de sang ». La sève et le sang sont identiques à une molécule près, celle de magnésium. Ce qui est fascinant est la relation de monde animal et du monde végétal. Il existe une solidarité et une vraie complexité de vies qui communiquent entre elles.

— L'histoire de notre humanité, faite de déités et de symboles, est également liée à ces mondes. Cela m'a toujours fasciné, je rajoute.

— Bien sûr. Des pharaons au roi Arthur. Chez les premiers, il y avait sur leur tiare un faucon, symbole de la conscience, ou un reptile, symbole de l'inconscient. Ils représentaient l'importance de maîtriser l'un et l'autre. Une symbolique que l'on retrouve dans beaucoup d'anciennes civilisations. En Europe par exemple, la première statuette façonnée en relation avec un animal est celle d'un lion. Au XIIe siècle, l'Église avait dévalorisé l'ours, attaché à trop de cultes païens, pour valoriser le lion. On est ainsi passé du roi Arthur, attaché à l'image de l'ours, à Richard Cœur de Lion. De ces nombreuses histoires et légendes, j'en ai fait le thème du labyrinthe que nous avons créé dans le parc.

**Si on ne descend pas dans le labyrinthe reptilien de notre cerveau où siège notre inconscient pour y affronter le dragon de nos peurs, on ne peut pas libérer la partie oiseau de notre âme qui est la conscience d'être et la recherche de l'envol de notre vérité, tout en respectant celle des autres.**

— Il semble que notre planète se dégrade de plus en plus vite, je ne peux m'empêcher de lui faire remarquer.

— Hélas oui, me lance-t-il avec un long soupir. Cela m'effraie. Ma femme s'est lancée il y a quelques années dans une magnifique entreprise : celle de créer près de Pedrógão Grande, dans le centre géographique du Portugal, un magnifique jardin botanique. Il n'y a pas si longtemps un effroyable incendie a ravagé la région entière. Il y a eu près de cent morts, certains brûlés vifs dans leurs voitures et leurs maisons. C'est la faute de l'homme qui a rasé les feuillus de la région pour les remplacer par la culture des pins et des eucalyptus. L'incendie s'y est propagé à une vitesse fulgurante.

— Quelle est votre vision dans le futur des relations entre l'homme et l'animal ? (Une question qui va devenir récurrente avec les différents acteurs du monde animal que je vais rencontrer.)

— Nous avons les moyens scientifiques de créer le paradis terrestre et les moyens de tout faire exploser. Je n'ai pas une vision catastrophique de notre futur, comme beaucoup trop d'entre nous l'ont d'ailleurs. Mais il est évident qu'il va y avoir des espèces qui vont disparaître. C'est un prix à payer. En attendant, nous avons le devoir de préserver ce qui peut l'être. J'ai deux enfants qui m'ont suivi dans mes objectifs. C'est une chance. Comment ils le font ne me regarde pas, je suis juste là pour leur transmettre le mieux possible ce que j'ai acquis comme expérience. Ma fille, Colomba, est passionnée de culture biologique et mon fils, Edmond, a aidé un ami à créer une réserve biologique unique*. L'autre jour, une jeune étudiante m'a demandé des conseils pour devenir vétérinaire et mettre sur pied un sanctuaire animalier. Je lui ai répondu que c'est beaucoup plus compliqué aujourd'hui avec la multitude de législations qui existent. C'est devenu un vrai parcours du combattant administratif. Après notre entretien, je l'ai vue repartir déçue. Et je me suis dit que, quand on est jeune, on a la liberté d'aller partout et les moyens d'aller nulle part. Quand on vieillit, la vraie liberté,

* Réserve biologique des Monts d'Azur, parc animalier exceptionnel en plein cœur du domaine de Haut-Thorenc (territoires sauvages des Alpes-Maritimes).

c'est de donner du poids à ses choix. Aujourd'hui, je me dois de faire durer tout cela le plus longtemps possible. Un jour, cela disparaîtra, mais comme l'a dit Sénèque : « *La culture, c'est ce qui reste quand on a tout oublié* », dit-il en ouvrant large ses deux bras, comme s'il voulait y englober la totalité du château et de son histoire.

— Vous déconseillerez donc à la jeune étudiante qui est venue vous voir l'autre jour de se lancer dans une aventure comme Thoiry ?

— Oui, je crois. J'ai eu beaucoup de monde contre moi, mais il y avait moins de réglementations à l'époque. Aujourd'hui, on est écrasé par elles. C'est verrouillé de toutes parts. Il y a aussi beaucoup de zoos qui ne sont que des ménageries. Sur les trois cents qu'il y a en France, seulement une trentaine sont valables. Sinon je l'orienterais vers les livres de Jean-Marie Pelt*, remarquablement simples et efficaces. Je lui dirais de relire *Le Petit Prince*, de Saint-Exupéry et de s'intéresser à l'encyclique du pape François.

**L'important est de rester le cœur et les yeux ouverts. Être attentif. Faire silence à l'intérieur de soi.**

— C'est que j'essaie de faire avec ma pratique du yoga, je lui dis. Les animaux sont très réceptifs à nos états de calme intérieur, je le vois bien avec ma chienne Electra. Dans la posture finale de relaxation, ça ne rate jamais, elle s'allonge à mes côtés, comme pour se connecter à tout mon être.

— Oui, tu as raison. Cela me fait d'ailleurs penser à une phrase de Victor Hugo, grand défenseur de la cause animale :

---

* Figure de l'écologie, biologiste, écrivain, pharmacien, botaniste et homme de radio. Jean-Marie Pelt, *L'Homme renaturé*, éditions Robert Laffont, 2015.

« *La nature nous parle d'une manière extraordinaire et l'homme ne l'écoute pas.* » J'arrive à un âge où je sens que je peux partir maintenant. Je me sens en communion avec la nature. Il faut rester humble sur ce chemin de vie. Beaucoup chassent la notoriété et la gloire. Pour certains, passer à la télévision est le but de leur vie. C'est absurde. Au Moyen Âge, on disait d'un grand maître qui avait réussi, qu'il avait « la main de gloire ». Une des plus grandes et difficiles choses à faire dans la vie, c'est de louer l'autre pour sa réussite. Nous sommes tous uniques. Prenons en conscience, ainsi que de la solidarité de tout ce qui est, vibre et respire sur notre Terre.

Paul s'interrompt. Son regard se baisse vers le sol. Il semble abattu et pensif. Il relève les yeux vers moi et me sourit. Silence. Nous nous comprenons. Je n'ai même pas besoin de le remercier. Je suis heureux que la vie ait permis à l'adolescent insouciant que j'étais de revenir dans ce lieu écouter les paroles de cet homme. Il m'aura fallu ces années d'apprentissage pour m'ouvrir et être capable de seulement écouter, sans jugement. Être dans l'échange, et surtout rester curieux...

Cette visite à Thoiry m'a redonné le goût du sauvage, de l'inconnu. Mes vieux rêves de vétérinaire refont surface. Je me vois dans une Jeep traversant une réserve africaine pour aller sauver un éléphant blessé par des braconniers. À ma gauche, des girafes galopent au ralenti, à ma droite des chiens sauvages ont pris en chasse un jeune impala... Un cri strident traverse la savane. J'ouvre les yeux. Le réveil sonne. Au pied de mon lit, Electra est en embuscade. Mon inconscient m'a fait voyager dans des contrées lointaines. Rituel du matin. Café. Cigarette. Douleurs dans le bas du dos. Laisse en main, nous sortons. Ce matin, nous ne croiserons pas le petit Fidji et sa maîtresse. De retour à la maison, je déroule mon tapis de yoga et je fais quelques postures. Depuis deux ans maintenant, j'ai réussi à maintenir cette routine. Si, par paresse, je ne l'exécute pas, tout mon corps se raidit.

*

Depuis mon enfance, je partage souvent mes vacances entre deux lieux, entre les deux branches de ma famille. Il y a le Var, où mon grand-père maternel a construit une maison dans les années soixante, et le Cotentin, du côté paternel, aux origines américaines. Je sais, ou plutôt, je ressens le plaisir qu'a Electra à s'y rendre. Sortir de la ville et se poser ensemble face à la mer. Un grand moment de communion est lorsque nous plongeons l'un avec l'autre dans la mer Méditerranée ou la Manche. Elle n'hésite jamais à me suivre même quand les vagues sont imposantes.

C'est souvent elle, d'ailleurs, qui s'impatiente si je recule l'heure de la baignade quotidienne. C'est une race de chiens de marais. Dressés à plonger et à nager dans des eaux froides souvent boueuses. Leur peau est faite d'une fine couche de graisse qui les protège, moi non. Alors, quand je trempe un doigt de pied puis l'autre pour finalement atteindre le bassin quelques minutes plus tard, mon coach poilu se fout sûrement de moi quand elle m'aboie dessus pour me motiver. Puis nous rentrons ensemble dans l'eau et nageons côte à côte. Certaines fois, je porte un masque pour regarder les fonds, mais surtout pour observer ses pattes s'agiter sous la surface de l'eau. On dirait une otarie qui glisse et fend les vagues tout à son aise. Je nage jusqu'à la bouée des cinquante mètres. Nous en faisons le tour et rentrons. Je me suis même mis à scander le mot « bouée » et à rajouter « jusqu'à la bouée » pour la motiver. Les chiens les plus intelligents comprennent jusqu'à deux cent cinquante mots, il est évident que mon Einstein aquatique est dans le haut du pavé, elle a donc bien repéré l'objet jaune flottant au loin.

Ce mois d'août, nous sommes dans le Cotentin. Après notre bain du soir, je rentre retrouver ma tante Francine et ma cousine Diana dans la maison de famille qui surplombe le village de Coutainville. Des fenêtres de certaines chambres, on aperçoit la mer et les longues plages bordées de dunes. Par beau temps, on peut certains jours entrevoir les îles de Jersey et de Guernesey. J'aime cette région qui a su préserver son authenticité et sa nature encore sauvage. Beaucoup de chevaux, de moutons et même des ânes s'ébrouent dans les champs des alentours. Il est assez fréquent de tomber nez à nez avec un renard ou un mulot. Les rares fois où cela m'est arrivé, j'ai eu beaucoup de mal à contrôler Electra. L'instinct, toujours. Ce soir-là, ma tante Francine me parle d'un refuge animalier à moins de deux cents kilomètres de là, qui accueille certains animaux sauvages qui sont chassés, perdus ou abandonnés. Diana y est allée l'année dernière pour son projet de livre photo animalier. Je leur demande quels types d'animaux s'y trouvent, et je découvre que toute la faune normande y est représentée. Non loin de la ville de Lisieux, les renards, les goélands, les chouettes et même les cervidés y sont recueillis. Deux jours plus tard, nous sommes sur la route en direction du refuge animalier de « La Dame Blanche ».

Au détour d'une route sinueuse qui traverse les bocages normands du pays d'Auge, nous arrivons devant son entrée. Une cabane en rondins de bois fait office de réception. J'ai pris avec moi une caméra pour filmer les animaux du lieu, mais surtout pour filmer l'interaction du fondateur du lieu avec ses protégés. Celui-ci nous rejoint et salue ma cousine. Elle est venue photographier Gérard Bertrand avec certains des renards qu'il a recueillis et surtout avec un cerf qu'il élève et protège depuis plusieurs années. Ces images m'ont marqué et m'ont conforté dans l'existence de ce lien invisible qui relie l'homme et l'animal. Avec ma chienne, il est très présent et j'essaie d'en affiner la perception. Je tâtonne encore, mais j'avance pas à pas, comme j'ai pu le faire avec la pratique du yoga, puis celle de la sonothérapie*.

Nous partons tous les trois déjeuner dans un restaurant situé en bordure d'une départementale. Nous nous asseyons en terrasse ; les voitures et les poids lourds frôlent notre table. Je ressens ce court claquement de vent violent dû à l'appel d'air qu'ils laissent derrière eux à chacun de leur passage. J'imagine avec effroi le nombre d'animaux qui se retrouvent sous les roues de ces chars modernes lancés à vive allure sur ces routes de campagne. Je tourne mon regard vers la table d'à côté. Une tablée de plusieurs hommes rigole bruyamment se servant et buvant de grandes rasades de vin. Je les imagine chasseurs. Tirant à tout va sur tout ce qui bouge, saute, rampe ou vole. Je me crispe. J'ai toujours eu du mal avec la chasse. Probablement le souvenir de mon père revenant d'une chasse en Sologne, soulevant d'un air triomphant dans chacune de ses mains deux malheureux faisans. J'étais tombé plus tard sur des photos de ces « parties de chasse » où des centaines de volatiles gisaient alignés sur le sol les uns à côté des autres. Un abattage, un massacre en bonne et due forme ne satisfaisant que l'ego de certains hommes en mal d'excitation. Je me rappelle encore les tenues des participants, pantalons en velours côtelé, vestes de chasse kaki et chapeaux en feutre avec une ridicule plume de faisan ou de canard planté dedans.

---

* Stéphane Haskell, *Écoute*, éditions Le Courrier du Livre, 2019.

Les femmes, souvent reléguées à l'arrière, suivant leurs maris, leur carré Hermès noué autour du cou. Un rituel bourgeois qui, déjà très jeune, me soulevait le cœur.

Tout à l'opposé de ces caricatures, Gérard Bertrand est d'une douceur et d'une humilité presque palpables. Cet homme de plus de soixante ans à l'allure discrète se bat depuis plus de quarante ans pour la faune sauvage de sa région. Notre poulet frites nous est servi par une Normande rondouillarde qui le salue. Gérard réajuste ses lunettes aux verres fumés, retire d'un geste lent sa veste de pluie et se met à manger en silence. Quelque chose de triste émane de sa personne. Je ne saurais encore définir de quoi il s'agit. Je ne le comprendrai que plus tard, au cours de nos échanges.

Après plusieurs bouchées, il nous explique qu'il fait très chaud cet été et qu'il vient de récupérer près de quatre-vingts jeunes goélands. Ils sont tombés des toits qui sont faits de zinc et leur brûlent les pattes. Beaucoup de chevreuils également sont arrivés au refuge.

— Tous les jours, nous dit-il, nous recevons des appels des pompiers ou des gendarmes pour venir en récupérer après qu'ils ont été renversés par des voitures.

Je tourne la tête vers la droite et regarde à nouveau les véhicules rouler à toute allure sur la départementale. J'en ai des frissons. J'imagine le choc.

Les images du film de Robert Redford, *L'Homme qui murmurait à l'oreille des chevaux*, me reviennent en mémoire. Au tout début du film, une jeune cavalière se fait renverser avec son cheval par un poids lourd. L'un et l'autre mettront des années à se retrouver, et cela se fera grâce à un homme et à ses talents de communication avec l'animal, mais aussi avec la jeune fille.

Pour l'anecdote, *Le Figaro magazine* m'avait envoyé dans le Montana faire un reportage sur l'écrivain* dont le livre avait été adapté pour le cinéma par Robert Redford. Pour s'apercevoir quelques jours avant le voyage qu'il ne vivait pas aux États-Unis, mais en Angleterre et qu'il s'était inspiré d'une histoire racontée par un maréchal-ferrant. Le pouvoir de l'imaginaire couplé au talent narratif avait créé de toutes pièces cette formidable histoire qui m'avait profondément marqué.

Gérard n'a pas vu le film, mais son histoire est, elle aussi, une histoire de courage et de détermination. C'est avec son père qu'il est entré petit à petit en contact avec les animaux. Ceux de la ferme dont celui-ci est le régisseur et ceux qu'il découvre lors des chasses à l'affût qu'ils font ensemble. Il les observe et se décide à rejoindre un club de photographes amateurs de nature. Tout part de là et quand, à l'âge de douze ans, un bûcheron qui connaît bien l'adolescent et son amour pour les animaux lui ramène une petite chouette tombée de l'arbre qu'il vient d'abattre, le jeune homme l'adopte immédiatement. Sa famille tentera de l'en dissuader, car dans ces régions beaucoup de superstitions sont encore attachées à ces oiseaux. Mais Gérard tient bon, baptise la jeune chouette « Bouboule » et lui confectionne un nid dans sa propre chambre.

Beaucoup d'amis et de voisins rendront visite à Gérard et à Bouboule, sidérés que l'on puisse apprivoiser ainsi un oiseau de cette espèce. Tous les soirs, il la sort, accrochée sur son épaule, elle s'élance, fait quelques tours dans les airs autour de leur maison et revient se poser. Il comprend alors qu'elle le prend pour son

---

* Nicholas Evans, *L'Homme qui mumurait à l'oreille des chevaux*, éditions Albin Michel, 1996, vendu à 15 millions d'exemplaires dans le monde.

référent maternel. D'autres vont être récupérées par l'adolescent, et sa chambre se transforme en une véritable volière. Son père, décide, convaincu par la nouvelle passion de son jeune fils, de lui en construire une en dehors de la maison. Le refuge de « La Dame Blanche* » est né ce jour-là.

Pendant un an, Bouboule et Gérard ont été inséparables jusqu'au jour où il sentit qu'il était temps qu'elle retrouve sa liberté et son habitat naturel. Un soir, lors de leur sortie quotidienne, il pressent que cette nuit ne sera pas comme les autres. La chouette décolle de son épaule et s'envole droit devant. Le cœur serré, il la regarde s'éloigner et s'enfoncer dans les bois. Huit jours passent sans qu'il l'aperçoive. Alors qu'il se résout à ne plus jamais revoir son amie, son père la repère, perchée sur le rebord de leur toit. Gérard l'appelle. Elle en décolle et vient se poser sur l'épaule de son sauveur. Plusieurs jours durant, elle repart la journée entière, mais revient chaque soir chercher sa nourriture. Puis, à nouveau, elle disparaît.

L'apprenti photographe continue de sillonner la campagne, appareil au poing, immortalisant tout ce qui croise son objectif, du ver de terre au chevreuil. Jusqu'au jour où, en rentrant de l'une de ses explorations, il remarque dans le creux d'un arbre, à moins d'une cinquantaine de mètres de sa maison, un couple de chouettes hulottes installé avec sa progéniture. Il n'a aucun doute sur l'identité de l'une d'entre elles.

---

* La dame blanche est une espèce de chouette commune. C'est un animal nocturne. Il est donc plutôt rare de voir cette chouette pendant la journée, car sa peur de se faire agresser par des corvidés est assez puissante pour la dissuader de quitter son nid. On la surnomme aussi « chouette des clochers », en France.

Gérard grandit, et son sanctuaire également. Il récupère de plus en plus d'animaux. Des gardes de chasse le préviennent un jour qu'il a besoin d'une licence, tellement son refuge prend de l'ampleur. Il passe des examens et commence à élargir ses capacités d'accueil.

Je l'interroge sur sa faculté à communiquer avec ses pensionnaires.

— Le premier lien est surtout physique quand le contact est prolongé avec l'animal.

Il se rappelle les petits marcassins qu'il a élevés et qui se sont mis à le suivre partout, puis se sont mis à faire la même chose avec l'éleveur suivant.

**— Les renards, par contre, ne s'attachent qu'à une seule personne.**

Dans peu de temps, il doit en remettre deux dans la nature. L'un d'entre eux ne l'a jamais écouté, car il a été élevé par sa compagne. Je lui demande s'il a pu observer une évolution positive de nos rapports avec les animaux et si l'état de la faune qui entoure son refuge s'améliore ou se détériore. Il prend un air grave et me dit :

— Beaucoup d'espèces disparaissent, cela est dû à la modification des milieux naturels. On leur arrache des parties entières de territoires.

Il me donne l'exemple d'une petite chouette appelée la chevêche, qui vit dans nos campagnes, dont la population régresse dangereusement.

— Les engins agricoles modernes détruisent et découpent leur habitat, de ce fait elles n'ont plus d'autres choix que de s'enfuir. Celui qui s'adapte le mieux est le renard.

À ce sujet, il me raconte deux anecdotes étonnantes.

— Les renards sont tellement traqués qu'il leur arrive de faire des alliances avec d'autres espèces. Récemment, j'ai repéré le terrier de plusieurs blaireaux. Je les suivais depuis plusieurs semaines pour réaliser un reportage photo. Quelle ne fut pas ma surprise quand je vis dans le « village » du blaireau, fait de nombreuses galeries souterraines, la présence d'un renard et d'un lapin de garenne. Tout ce petit monde vivait en parfaite harmonie.

Le soir, à l'affût non loin de l'une des sorties du terrier, j'ai pu observer le lapin en sortir, suivi de près par le renard et enfin le blaireau.

Sur les trois mois qu'il passa en observation, jamais le renard ne toucha au lapin. Ce qui démontre son intelligence et sa faculté d'adaptation. Une autre histoire encore plus incroyable confirme sa réputation d'animal rusé. Avec certains des soigneurs de son refuge, Gérard suivit les déplacements d'un renard qui finit par se nicher dans une ferme, non loin du poulailler. Le fermier ne s'en aperçut jamais, car le renard resta à distance des poules et s'assura ainsi un territoire des plus sécurisés.

Quand je lui demande ce que les animaux lui ont appris, il me répond qu'ils lui ont enseigné le respect de la vie. Il se sent en paix avec eux. Durant ces quarante années dédiées à la protection et à la sauvegarde de la faune sauvage, il en a souvent bavé, mais ne regrette rien et serait prêt à le refaire. Quand ça ne va pas, il pense à eux et part à l'affût. C'est ce qu'il a fait après la mort de son fils Guillaume, me dit-il, sur un ton de voix à peine audible. Je sens le poids de cette confession qui glisse entre les mots de notre entrevue comme le sifflement d'un animal blessé. Je comprends mieux l'impression de malaise que j'ai ressentie au début de notre rencontre. Je l'admire de retrouver le courage de continuer à œuvrer pour ses amis de la nature malgré son deuil.

Un silence se fait que rompt ma cousine Diana jusqu'ici silencieuse. Elle est perspicace, elle a senti mon trouble. Elle me regarde droit dans les yeux et m'explique que la dernière fois qu'elle est venue à « La Dame Blanche » photographier Gérard et ses pensionnaires, elle a été fascinée par sa manière douce de communiquer avec chacun d'entre eux. Comme s'ils étaient des individus uniques, mais égaux les uns des autres. Elle ajoute que sans le voir à l'œuvre, on pourrait à s'y méprendre croire qu'il converse avec un humain. Mais ce qui l'a le plus frappée, c'est les échanges dont elle a été le témoin avec le cerf Kenzo.

— Il est temps d'alarmer le monde sur cette nature qui disparaît sous nos yeux, dit-elle en haussant le ton, comme pour sortir notre hôte de ses sombres pensées.

Sa rencontre aux États-Unis avec Marc Bekoff*, proche de Jane Goodall**, le lui a confirmé. Ces chercheurs sont les premiers, par leurs travaux et leurs recherches considérables, à avoir réveillé les consciences sur l'urgence de la préservation animale à l'échelle planétaire. Cette dernière réflexion semble tirer Gérard de sa torpeur.

---

* L'auteur, biologiste, montre, en s'appuyant sur des anecdotes et comptes rendus d'expériences éthologiques, que les animaux éprouvent des sentiments qui ne sont pas des réactions instinctives, mais la manifestation d'une vie affective ; Marc Bekoff, *Les Émotions des animaux*, traduction de Nicolas Waquet, éditions Rivages, collection « Rivages poche », 2018.

** Éthologue et anthropologue britannique. Elle est la première à avoir observé et rapporté que les chimpanzés utilisaient des outils pour s'alimenter. Ses travaux ont profondément transformé la compréhension des rapports entre l'Homme et l'animal ; Jane Goodall, *Ma vie avec les chimpanzés*, traduction de Florence Seyvos, éditions L'École des Loisirs, collection « Médium poche », 2021.

Il relève la tête vers nous deux et dans un murmure nous confirme à quel point cela va mal pour les animaux.

— Il faut apprendre à être patient dans la nature, c'est le secret pour mieux la comprendre. Hélas, ils n'apprennent pas cela aux enfants dans les lycées.

Nous nous levons de table, ignorant les regards moqueurs de nos voisins de plus en plus avinés. Au moins, si l'un d'eux décide d'aller chasser maintenant, il ratera sa cible à coup sûr. Nous retournons au refuge rendre visite aux animaux. Le tout premier enclos vers lequel Gérard nous dirige est celui des renards. À peine sommes-nous entrés qu'un renard commence à zigzaguer devant nous en émettant de petits cris stridents. Il file derrière Gérard, les oreilles baissées, s'aplatit à ses pieds et se roule sur le dos pour se faire caresser le ventre.

— C'est Kasha, nous lance-t-il. Une jeune femelle.

La renarde lui attrape délicatement la main dans sa gueule. Elle se relève, fait le tour derrière mon dos et retourne jouer avec son ami. Leur lien, leur amitié est visible. Il n'y a que de la joie, de l'entente entre deux êtres qui se connaissent et se comprennent.

— Elle fait la folle, elle est contente de me voir, dit-il alors que Kasha monte sur un tronc d'arbre et colle son front contre celui de son ami.

Gérard a retrouvé son sourire. Les animaux sont là pour l'aider dans son deuil et pour l'aider à surmonter les épreuves. Quelle belle preuve d'amour entre l'homme et l'animal ! Quelle beauté dans cette communication invisible et intuitive ! Une autre renarde se joint aux jeux de Gérard et Kasha.

— Elle, c'est Shalimar. C'est une star, elle a joué dans des films, nous dit-il avec fierté. L'un s'appelle *La Vie secrète du* *jardin**, elle se retrouve par hasard enfermée dans un jardin et elle va inviter le spectateur à sa découverte une nuit entière.

Un troisième renard s'approche directement vers moi. Je le filme. Je capture un fugitif instant son regard qui brille au fond de ses yeux bridés. Il vient me flairer. Je lui parle doucement. Un contact s'établit. Je me redresse et dirige mon objectif vers le fond de l'enclos où le dernier des renards reste, lui, à distance. Il nous observe, tournant la tête à gauche et à droite comme si nous n'existions pas. J'entends un petit couinement juste au-dessus de moi. C'est Kasha qui s'est postée sur un tronc derrière mon dos et m'observe, ses deux oreilles dressées. Je tourne l'œil de ma caméra vers elle et plonge mon objectif dans ses yeux. Ils sont verts, mordorés, avec un iris noir en amande. J'y lis un mélange de douceur et de curiosité. Gérard s'approche d'elle et à nouveau vient mettre son front contre le sien. Ils restent ainsi quelques secondes. Le temps est suspendu. Je jurerais entendre leurs cœurs battre à l'unisson. La renarde sent-elle la douleur de son ami ? En tout cas, elle l'apaise et lui donne de la joie. Quel cadeau ! Elle repart au fond de l'enclos rejoindre les autres, et nous assistons à un concert de glapissements. Je m'assieds dans l'herbe, un dialogue du *Petit Prince* de Saint-Exupéry me revient en mémoire :

> *« Si tu veux un ami, apprivoise-moi !*
> *— Que faut-il faire ? dit le petit prince.*
> *— Il faut être très patient, répondit le renard. Tu t'assiéras d'abord un peu loin de moi, comme ça, dans*

* Dans la campagne normande, un homme s'absente et laisse son jardin livré à lui-même : tout un petit peuple s'enhardit et se dévoile dans sa diversité. Documentaire écrit et réalisé par Samuel Guiton, 52 minutes, diffusé sur France 3 (15 mars 2019).

*l'herbe. Je te regarderai du coin de l'œil et tu ne diras rien. Le langage est source de malentendus. Mais, chaque jour, tu pourras t'asseoir un peu plus près... »*

Je pourrais rester assis des heures avec eux et apprendre à devenir leur ami. Par contre, je ne suis pas sûr qu'Electra soit d'accord, car elle est exclusive. Chaque fois que je porte de l'intérêt à un autre chien, que je m'aventure à le caresser, son long mugissement de loup-garou m'avertit aussitôt de son mécontentement. Elle est capable de sentir sur ma peau ou mes vêtements si en son absence un autre congénère m'a approché. Elle me renifle un temps, recule et me fixe d'un regard accusateur.

Un crachin normand se met à tomber et me tire de mes rêveries. Je regarde une nouvelle fois les renards qui sont allés se mettre à l'abri dans le creux des souches des arbres qui jalonnent l'enclos. J'interroge Gérard sur les noms qu'il leur a donnés et à quel moment ils ont commencé à vraiment y répondre.

— Plus ils arrivent petits, plus vite ils s'adaptent et interagissent facilement avec l'homme.

Il fait ce métier, car il a foi en la nature. Il ne se pose plus la question de savoir si son combat est juste ou non, quand il voit les malheurs qui arrivent aux animaux provoqués par l'homme et les menaces qui pèsent sur eux, il sait qu'il combat pour l'avenir de nos enfants et de la faune sauvage.

— Si cela continue, rajoute-t-il d'un air triste, ils ne pourront peut-être plus les voir que dans des livres.

Nous quittons l'enclos des renards et marchons en direction d'un long grillage qui borde un parc où plusieurs biches évoluent en toute liberté. Encore une fois, aussitôt qu'il s'approche, les animaux viennent saluer leur ami. Chacune d'entre elles cherche son contact. Elles se disputent véritablement son attention. À quelques pas derrière elles, un jeune cerf les observe. Il s'avance et pointe son museau dans ma direction à travers le grillage. Je regarde Gérard d'un air interrogateur. Il sourit et me dit que je peux le caresser. Ces animaux ne pourront plus retourner dans la nature, car l'empreinte qu'a laissée l'homme sur eux est trop présente. Ils seraient rejetés. C'est ce que l'on appelle le phénomène « d'imprégnation ». Notre hôte me prévient que l'on ne peut pas entrer dans l'enclos, car ils chargent les inconnus. J'espère, en revanche, pouvoir approcher le cerf Kenzo, le filmer et assister de près à leurs échanges. Comme beaucoup d'autres enfants, j'ai grandi avec l'image du Bambi devenu adulte, veillant du haut de son rocher sur la forêt et son troupeau en contrebas. En approcher un est un rêve de gosse.

Gérard nous invite à le suivre pour la suite de la visite du refuge. Alors qu'il marche et s'éloigne de l'enclos, les biches et le cerf se mettent à galoper le long du grillage. J'entends le son sourd de leurs sabots sur le sol. Il pourrait marcher devant lui des kilomètres, je suis certain qu'ils le suivraient. À quelques dizaines de mètres plus loin, une grande volière abrite une douzaine de goélands argentés. Ce sont ceux dont il m'a parlé plus tôt. Des bébés tombés des toits brûlants qui se retrouvent au sol sans pouvoir bouger. On les appelle des grisards, me précise-t-il.

— Beaucoup de personnes tentent de les aider, mais souvent les mères les attaquent pour protéger leurs progénitures. À la fin de la semaine, ils vont les ramener en bord de mer, là où d'autres se sont installés et pourront prendre soin d'eux.

Il entre dans la cage et leur parle. Diana avait raison, son ton de voix est identique à celui qu'il a utilisé avec les renards puis avec les biches. Même avec les oiseaux, chaque individu a son importance, a son identité propre. C'est fascinant de simplicité et d'humanité. L'homme animal parle, joue et écoute ses congénères. Les barrières érigées par de nombreux avis scientifiques sur les difficultés de communiquer avec certaines espèces tombent sous mes yeux. Quelle ignorance ! Quel manque d'observation !

Nous passons à la volière suivante où quelques chouettes sont tranquillement posées sur les branches d'un arbre.

— Les adultes pourront être bientôt relâchées, mais les jeunes seront reconduites à l'endroit où elles ont été trouvées pour qu'elles puissent retrouver plus facilement leurs repères.

Nous continuons la visite pour arriver sur un box ouvert fait de briques et de planches de bois. À notre arrivée, deux larges pattes blanc et noir aux longues griffes s'accrochent sur le rebord. Une tête tout en longueur, aux yeux vifs et curieux, apparaît. La tête du blaireau ressemble à celle d'un vengeur masqué, son pelage noir faisant le contour de ses yeux. Il tente d'escalader. Il arrive presque à passer au-dessus de son box quand Gérard l'attrape doucement pour le réinstaller dedans. Il lui fait la fête. Je repense à l'histoire qu'il nous a racontée, de cette cohabitation improbable du lapin, du renard et du blaireau. Étonnant. Nous avons presque fini notre visite, il nous reste encore un animal à voir. Comme s'il lisait dans mes pensées, notre hôte nous sourit et nous invite à rejoindre son grand ami le cerf Kenzo.

Un peu à l'écart du refuge, au débouché d'un chemin qui traverse une forêt, j'aperçois une clairière entourée d'un grillage. En m'en approchant, je distingue la majestueuse silhouette du cerf. Au fur et à mesure que Gérard avance vers lui, je le vois dresser la tête et faire des allers-retours le long de la clôture en boitant. Kenzo a été trouvé abandonné très jeune. Un jour, une meute de chiens de chasse est arrivée sur le terrain où il était installé. Ils l'ont attaqué et lui ont mordu le sabot arrière gauche. Gérard a été obligé de lui scier le bas de la patte. Depuis, il ne peut le relâcher, car comme pour les biches, ce grand cerf élaphe qui vit dans nos forêts est « imprégné » par l'homme, il serait rejeté par les siens. Le seul de la famille des cervidés qui puisse retourner vers la vie sauvage est le chevreuil. Chaque année au printemps, Gérard redoute un phénomène qu'il a nommé le « phénomène de Bambi ». Beaucoup de gens trouvent, lors de leurs promenades, des faons qu'ils croient abandonnés. Ils les ramassent, pensant que la mère est partie, alors qu'elle n'a fait que s'éloigner par crainte de l'humain. Au-delà de deux ou trois jours, s'ils ne sont pas remis dans leur habitat naturel, ils sont condamnés. Certains veulent même les garder et les élever, mais c'est une grave erreur. Tôt ou tard, des problèmes surgissent. Le gardien des lieux nous explique qu'il faut faire très attention, les laisser en paix, comme pour les chouettes tombées des nids qu'il faut juste reposer dans un buisson ou sur une branche.

Il se saisit d'un seau qu'il remplit de nourriture et entre dans l'enclos. Je me poste derrière lui, attendant son signal pour y pénétrer à mon tour et les filmer. Il s'avance vers le cerf, lui touche les bois, admiratif de toutes les pointes qu'ils ont dessus. Je ne m'étais jamais rendu compte de leur envergure et surtout du danger qu'ils représentent, pouvant tout aussi facilement transpercer un corps qu'une motte de beurre. Il prend toujours le même ton de voix, calme et rassurant, quand il s'adresse au cerf. Il lui caresse le museau, les bois à nouveau et nous dit que le cerf vient de perdre les velours, et qu'ils vont bientôt blanchir. Je ressens toute la puissance de cet animal qui maintenant me fait face. Gérard me rassure et me laisse avancer un peu plus loin dans l'enclos. Je m'accroupis et le filme. Le cerf me regarde fixement. Il me jauge. Ami, ennemi ? Il baisse la tête, ses bois en avant. Mauvais signe. Son gardien intervient, lui présentant sous le museau une branche avec des feuilles qu'il affectionne particulièrement.

Mais le cerf en décide autrement et se dirige vers moi, me frôle et s'avance vers la sortie de l'enclos. Il revient et décide de manger quelques-unes des feuilles de chêne que lui présente à nouveau son ami. Ce dernier lui caresse le museau et l'encolure pour le calmer, mais cela ne semble pas suffire. Il tourne une nouvelle fois la tête dans ma direction et repasse sur ma gauche. Je prends une inspiration et relâche une longue expiration, sachant que si la peur me prend, l'animal la sentira tout de suite. Je reste calme. Je ne bouge plus. Kenzo revient sur ma droite, quelque chose ne lui plaît pas. Un seul coup de tête vers moi, et l'un de ses cors pourrait facilement me transpercer. Gérard le sent également et me fait un petit signe de la tête m'indiquant qu'il est temps de sortir. Je recule pas à pas et referme la grille derrière moi. J'en profite encore pour filmer quelques images du plus grand mammifère de France, cette masse majestueuse de près de deux cents kilos au pelage brun roussâtre. Je suis ému et encore sous le coup de cette mise en garde de l'animal. Je ne peux oublier que c'est moi qui suis sur son territoire.

J'avais ressenti cette impression lors d'un safari-photo au Botswana. Nous étions, mon guide africain et moi, tombés nez à nez avec un éléphant mâle au détour d'un bush. Il m'avait fait signe de ne pas bouger et de lentement baisser l'objectif de mon appareil. Ce tête-à-tête avait duré quelques minutes qui m'avaient semblé interminables. Je ressens exactement le même sentiment aujourd'hui qui ne peut s'exprimer que par un seul mot… Respect.

Chapitre 5

# LA THÉORIE DE L'ESPRIT OU QUAND L'ANIMAL RESSENT LES ÉMOTIONS HUMAINES

L'été est passé. Electra et moi continuons à être inséparables. Souvent, lorsque je passe des week-ends chez des amis, ils se moquent gentiment de moi le soir quand je les quitte pour aller me coucher, ma chienne collée à moi. Ils me lancent des « Bonne nuit, le vieux couple ! » Je ne m'en offusque plus. Par contre, depuis mes opérations, c'est le désert affectif. J'en souffre. Je me suis sorti d'une incarcération physique et émotionnelle que ma dépendance à l'alcool avait générée. Le manque s'est atténué, j'évite certaines anciennes connaissances et, vu mon état, le temps d'aller danser sur les tables des boîtes de nuit est révolu. Il y a des moments de ras-le-bol où la maladie, insidieuse et sournoise, ne manque pas de s'infiltrer dans les méandres de mon esprit. Quatre années d'abstinence de l'alcool, mais quand je crois me sentir fort et sûr de moi, un événement vient toujours ébranler mes convictions. Un château de cartes qui, si les fondations ne sont pas consolidées jour après jour, risque de s'écrouler à la première bourrasque.

Ce soir-là, un de mes jeunes frères de passage à Paris m'invite à fêter son anniversaire. Installé depuis peu à Singapour, Alexis a réuni quelques-uns de ses meilleurs amis dans un restaurant près du musée du Louvre. Il flotte un air d'été indien sur Paris et nous sommes attablés en terrasse en bordure du jardin des Tuileries. C'est magique et convivial. Les blagues fusent de l'un à l'autre, et les rires transpercent le ciel qui s'assombrit au-dessus de nos têtes. Les verres se remplissent et se vident autour de moi. Je regarde la danse des bouteilles qui tournoient sur la table avec détachement. Je lâche. Je sais que cela ne vaut pas le coup, même pas un verre. Je connais la fin de l'histoire, elle est moche. Après le dîner, la joyeuse bande se dirige vers un club parisien en vogue. La nuit est tombée, les lampadaires des arcades de la rue de Rivoli scintillent et de nombreuses hordes de noctambules s'engouffrent dans l'antre dont sort une musique branchée. En descendant les escaliers, mon dos me fait mal, mais une autre sensation m'envahit. Une sorte de réminiscence du passé où je ressens un liquide chaud et brûlant couler dans ma gorge me procurant une douce chaleur dans le ventre. Je panique un peu. Je n'ai rien bu pourtant ? Un verre avec un peu d'alcool que j'aurais ingurgité par mégarde ? La sensation grandit au fur et à mesure que je traverse la piste de danse. À gauche et à droite, des tables sont dressées avec des verres et des bouteilles d'alcool plantées dans de grands seaux débordant de glaçons. Mon corps vibre au rythme de la musique. Une envie de repartir dans des nuits sans lendemain m'asphyxie. J'étouffe. Mon mental prend le dessus, et il est satanique à cet instant. En un clin d'œil, je peux tout perdre. M'enfoncer loin, si loin. Ne jamais refaire surface. Oublier les douleurs. Les échecs. Me laisser flotter loin, porté par l'ivresse des danses et des corps. Je sens une main se poser sur mon épaule. Je me retourne et je vois Alexis me sourire m'invitant à les rejoindre à leur table. Tel un somnambule, je zigzague entre les corps qui se déhanchent au rythme de la musique techno et je m'assieds un peu à l'écart. Cette fois-ci, je fixe intensément les verres que les noceurs portent à leurs lèvres. L'alarme est à son maximum. J'ai un sursaut salvateur. Je fais défiler les événements qui risquent de se dérouler si je bois ne serait-ce qu'un verre et je pense à Electra restée seule à la maison. Je me lève, me penche sur l'épaule de mon frère et lui explique qu'il est temps pour moi de rentrer. Je n'attends pas sa réponse et, quelques minutes plus tard, je m'effondre chez moi, accueilli par une immense léchouille. Mon instinct de survie m'a protégé ce jour-là, mais aussi d'autres choses, une protection, une puissance qui m'est supérieure vers laquelle je me suis tourné et ma chienne, encore une fois...

*

Ma vie sociale s'est considérablement réduite, alors quand Katy, une amie professeure de yoga, m'invite à un dîner chez elle, j'accepte avec enthousiasme. D'autant plus que chaque fois qu'elle voit Electra, elle lui donne un massage de la colonne vertébrale. L'effet sur elle est immédiat, elle ferme les yeux et se laisse faire en se roulant sur le dos, les quatre pattes en l'air. La pauvre souffre aussi. Dysplasie des hanches et des becs-de-perroquet, ce qui ne lui facilite pas les courses-poursuites de gibier et les trop longues promenades.

Nous sommes une dizaine, attablés autour d'une belle table éclairée aux bougies. C'est l'une de mes rares sorties et quand notre hôtesse installe à mes côtés une jolie Mexicaine aux longs cheveux frisés, je me détends d'un coup. Je retrouve le sourire et je fais le fanfaron. Je n'ai rien à perdre. Je séduis. Je plaisante. Je fais rire. J'avais oublié cette sensation frivole et légère que peut procurer l'insouciance des jeux amoureux. Célibataire depuis plus de trois ans, une vieille sensation refait surface. C'est presque extatique et nouveau à la fois. Le simple fait de sentir que l'on peut plaire alors que le corps souffre et qu'il existe le possible d'une aventure change en quelques minutes ma vision d'une vie limitée affectivement parlant. Je ne sais pas si Electra a perçu mon changement d'humeur, mais elle aussi semble plus gaie. Elle va d'un invité à l'autre, leur faisant de vrais coups de charme. Elle lance son fameux aboiement mi-vache mi-loup-garou qui fait rire toute l'assistance. Ma voisine se penche vers moi et me demande si c'est ma chienne. Je rigole également alors qu'Electra continue de faire le pitre et je lui réponds fièrement que oui. Les parents doivent avoir ce même sentiment quand ils parlent de leur enfant. Voilà, j'ai une fille adoptive poilue !

La soirée s'achève comme dans un rêve. J'essaie d'obtenir les coordonnées de la jolie Mexicaine avant qu'elle ne disparaisse. J'ai l'impression d'avoir douze ans d'âge mental et de porter des culottes courtes. Je bafouille, je m'emmêle les pinceaux dans des motifs bidon pour le lui extirper. Cela la fait rire. Elle se lève de table, revient quelques minutes plus tard et me glisse dans la main un papier avec son numéro de téléphone avant de quitter les lieux. J'apprendrai qu'Anna est une jeune divorcée qui vient d'arriver du Mexique avec son fils. Elle dessine des bijoux et s'est installée près de la basilique Sainte-Clotilde dans le 7e arrondissement de Paris.

Quelques minutes après, je quitte le dîner à mon tour et je vais me promener dans le parc qui jouxte l'immeuble. C'est l'une de mes périodes préférées de l'année, l'été indien du mois de septembre. Je me sens bien. Cela fait longtemps que je n'ai pas senti mon dos aussi relâché. Le temps d'un dîner, d'une rencontre, les tensions permanentes qui siègent dans le bas de ma colonne vertébrale se sont dissipées. Si je pouvais, je piquerais un cent mètres. Mais j'ai appris à accepter mes limitations, alors je me contente de faire quelques pas, tout en conversant avec ma chienne. Je lui raconte la soirée, je lui demande ce qu'elle pense de ma voisine de table. Je n'ai plus peur du regard désapprobateur d'un passant qui nous croiserait et me prendrait pour un fou.

**Le lien que j'ai avec elle est si complice qu'elle lit aussi facilement dans mon esprit que dans mon cœur grâce à mes intonations de voix et à l'énergie qui émane de mon être.**

J'en suis persuadé, et l'avenir me le démontrera, car je ne suis qu'au début de mes découvertes concernant cette communication intuitive.

Je retrouve Anna régulièrement, pour un déjeuner ou un dîner. Mon garde du corps poilu m'accompagne de temps à autre, regardant du coin de l'œil cette rivale qui fait irruption de plus en plus souvent dans notre vie. Elle la surveille et la jauge. Même si le courant n'a pas l'air de passer entre Electra et la jeune femme, elle l'aime bien et reste toujours très attentionnée envers elle. Je laisse faire, jusqu'à une soirée fatale.

Après un dîner en terrasse où nous profitons encore du beau temps, Anna me propose de la raccompagner chez elle. Arrivés au pied de son immeuble, nous nous embrassons. Des sensations enfouies depuis longtemps refont surface, même si j'ai toujours l'impression d'être un adolescent maladroit. De plus, ma chienne ne cesse de tirer sur la laisse, comme pour m'éloigner de ma partenaire. Malgré tout, nous montons dans l'ascenseur, un peu gênés l'un et l'autre. Anna ouvre la porte, nous entrons en nous tenant la main. De mon autre main, je lâche la laisse du fauve qui file vers le fond de l'appartement. Alors que ma nouvelle conquête retire son manteau, je pars sur les traces d'Electra. Je traverse une pièce puis l'autre pour arriver dans la chambre à coucher. Elle s'est assise sur son arrière-train, droit comme un *i* et me regarde fixement. J'entends Anna qui arrive derrière moi et je sens sa main se poser délicatement sur mon épaule. Comme si elle attendait ce signe de tendresse et d'invitation, je vois ma chienne se redresser, soulever la patte arrière gauche et uriner au pied du lit. La main à peine posée avec douceur sur mon épaule s'en retire aussi sec, et une bordée d'injures en espagnol me déchire le tympan droit. Je n'en reviens pas. Mes pieds s'enfoncent dans l'épais tapis beige de la chambre. Je veux disparaître. Ma chienne est depuis plus d'un an très propre et il n'y a plus d'accidents. Son intention est très claire. Celle d'Anna aussi. Nous sommes virés *manu militari*.

Malgré ma déception et ma colère vis-à-vis de ma chienne, les semaines suivantes me prouvent qu'elle ne s'est pas trompée. Mon aventure avec Anna tourne court quand je découvre qu'elle a un problème avec l'alcool, et cela représente un danger pour moi. Les repas bien arrosés et les nombreux apéritifs quotidiens m'obligent à prendre mes distances. La tentation est bien trop grande pour se risquer à ce jeu-là. Electra en a-t-elle eu l'intuition ? Peut-être. En tout cas, elle a vu juste.

*

Je reprends une vie solitaire et cette fois-ci le manque affectif se fait sentir plus fort que jamais. Je repense à la dernière relation que j'ai eue avant de m'engager sur le chemin de l'abstinence et d'avoir, quelques semaines plus tard, mis les pieds dans la SPA de Plaisir. J'hésite à reprendre contact avec Sarah. Mais trop tard, l'idée est omniprésente dans mon esprit, je suis en boucle. J'y pense, j'y repense. Une obsession s'installe que je sais reconnaître, mais que je ne sais pas encore maîtriser. Alors, je la partage avec mes amis, avec mes compagnons de thérapie de groupe. Elle s'estompe quelques jours pour ressurgir et s'inviter même dans mes rêves, encore plus tenace et plus puissante que jamais. Je passe alors au stade suivant. Je manipule, je me manipule. J'appelle certaines connaissances qui la côtoient pour avoir de ses nouvelles. Je me persuade que je ne rencontrerai plus jamais une fille aussi formidable. C'est l'une des facettes les plus sournoises de ma maladie, et rien ne l'arrête.

Un jour, l'une de mes meilleures amies, me voyant tourner en boucle et en souffrir, me conseille d'aller consulter une voyante. Le lendemain, je suis à la porte de madame Delafeuille et je m'installe devant un guéridon où sont étalées des cartes du tarot de Marseille. Non loin, Electra est allongée sur un magnifique tapis persan du salon, se demandant sans doute quelle nouvelle lubie traverse son humain.

La cartomancienne tire des cartes méthodiquement et recouvre celles que j'ai déjà choisies. Des mots sortent de sa bouche, voyage, contrat, argent, trahison. Je note machinalement ces différentes informations sur une feuille blanche. Je suis tellement fixé sur ce qui concerne le thème de l'amour, que je prête peu d'attention à tout ce qui est dit en amont. Cette obsession, ce désir de rencontre et de partage qui m'habite est tenace. En début d'abstinence, c'est un écueil à éviter à tout prix. Trop fragile émotionnellement, le risque est de combler le vide laissé par l'alcool par des sentiments amoureux. Passer d'une dépendance à une autre, un vrai danger qui en a fait rechuter plus d'un. Une carte s'abat et attire mon attention.

— La Papesse, me dit madame Delafeuille. Elle est le symbole de la richesse intérieure et spirituelle. Vous êtes sur un parcours où vous avez préféré vous fier à la force de l'inconscient plutôt qu'au savoir. Mais attention, vous êtes un impatient. Cette lame vous invite aussi à davantage vous tourner vers les autres, à être à leur écoute.

Bien vu. Mes différentes maladies m'ont renfermé sur moi. J'ai du mal à être à l'écoute de l'autre. Je travaille pour sortir de cet égocentrisme qui, doublé d'une impatience chronique, a mis à distance plusieurs de mes proches. J'en souffre, mais j'apprends. Une autre figure féminine vient se poser sur l'une des cartes que j'ai retournées précédemment, l'Impératrice.

— Un nouveau départ ! Il faut que vous repreniez confiance en vous. Vous vous êtes dispersé, il va venir un temps où vous allez vous ancrer à nouveau et avancer en suivant votre intuition. Fiez-vous davantage à elle.

Un brin sceptique, je lui demande de tirer une carte sur ma situation amoureuse. Jusqu'ici, je me suis bien gardé de lui préciser quoi que ce soit sur mon parcours et ma santé. Sa main tire une nouvelle carte et la retourne lentement, un léger sourire éclaire son visage.

— Voici l'Empereur. Une relation va se concrétiser bientôt. Mais attention, cette carte peut aussi s'associer à un projet professionnel.

*Bravo l'artiste*, me dis-je intérieurement. *Me voilà bien avancé.* Elle remarque ma déception.

— Attendez, Stéphane.

Une autre carte apparaît sur le tapis vert. Elle la glisse au-dessus des autres déjà retournées. J'y vois un petit cupidon armé d'un arc et d'une flèche s'apprêtant à la décocher sur un couple. Mauvais présage ?

— Restez prudent. Vous allez devoir faire un choix, et cela ne sera pas facile. Ne foncez pas tête baissée, soyez attentif à votre voix intérieure.

Un bruit détourne notre attention. C'est Electra qui boit dans un bol mis à sa disposition par madame Delafeuille. Nous nous regardons, amusés. Elle reprend.

— Vous l'avez recueillie il y a longtemps ?

— Comment savez-vous qu'elle vient d'un refuge ? je lui réponds, étonné qu'elle puisse connaître le passé de ma chienne.

— Je sais communiquer avec les animaux. Elle me dit qu'elle vous aurait attendu toute sa vie. Elle savait que vous viendriez un jour. Vous avez une belle relation, tous les deux, et cela n'est pas fini, elle est là pour vous accompagner et, un jour, c'est vous qui le ferez pour elle.

Je me tais. Pensif et confus à la fois. Une autre carte se dévoile sous sa main.

— Elle vous apporte beaucoup de réconfort, de douceur et de protection. La lame de la Tempérance est une belle carte, je l'ai tirée pour vous deux, me dit-elle doucement.

— C'est vrai, je lui réponds. Elle m'apaise, mais m'oblige aussi à sortir de ma zone de confort. Nous formons une équipe. J'ai souvent l'impression qu'elle est arrivée dans ma vie pour veiller sur moi. Par contre, elle garde des traumatismes de son passé.

— Je vais vous expliquer deux ou trois points importants pour vous guider dans votre relation avec elle. Au-delà de la parole et des signaux non verbaux que nous utilisons pour communiquer entre nous et ce que j'appellerais les « non-humains », il existe une possibilité de faire parvenir à notre conscience des informations qui ne se manifestent pas forcément dans le langage corporel.

— Comme percevoir à distance les intentions d'une personne avec qui je désire entrer en contact ? lui dis-je.

— Bien sûr. J'imagine qu'il vous est déjà arrivé de deviner intuitivement qui vous appelle quand le téléphone sonne. Ou encore, qu'un ami avec qui vous êtes très lié capte votre tristesse du moment et vous fasse signe.

J'acquiesce d'un geste de la tête.

— Eh bien, aujourd'hui, des recherches scientifiques montrent qu'il existe bien un lien subtil d'informations au-delà des signaux verbaux et non verbaux. C'est un domaine qui me passionne, car je l'utilise souvent dans mes séances. Nous sommes dans le domaine de l'intuition et des perceptions internes et externes.

— Oui, j'ai fait des recherches sur le sujet. C'est un grand débat aujourd'hui de déterminer où se trouve le siège de la conscience. Les chercheurs s'interrogent sur le fait qu'elle ne serait qu'une fabrication biochimique de notre cerveau ou peut-être une réalité immatérielle que le cerveau se contente de canaliser.

— Vous pensez que les animaux ont une conscience, une âme, Stéphane ?

— J'en suis persuadé. Il y a d'ailleurs une proximité troublante entre les mots « animal » et « âme » qui dérive du latin *anima*.

— C'est exact. Je pense pour ma part que les animaux possèdent des facultés depuis longtemps oubliées des êtres humains. La science n'est pas encore capable de nous en apprendre plus, mais ce n'est pas grave. Les sceptiques seront toujours au rendez-vous, sans preuves tangibles, ils n'y croiront pas. C'est triste pour eux, car ils traversent la vie avec un besoin si crucial d'être rassurés qu'ils passent à côté de l'essentiel...

— De ce qui est invisible, je rajoute en souriant.

— Exactement. Vous le savez bien, vous devez le vivre souvent avec votre chienne. Animaux et êtres humains possèdent des capacités de perception par « résonance ».

Madame Delafeuille s'arrête de parler pendant quelques secondes. Elle reprend :

— Pardon... je me suis égarée. Je pensais au magnifique *Cantique des créatures*, de saint François d'Assise qui, à l'aune de sa mort, martyrisé par des rats, laisse s'élever une puissante louange portant tout son amour pour la création entière et le cosmos.

— Il existe le même concept de « communion cosmique » dans des textes issus des Yoga-sûtras du sage indien Patanjali que j'étudie en ce moment : « *Et l'on voit alors de craintives gazelles et les bêtes fauves, ours et lion en tête, venir lécher les pieds du yogi enraciné dans l'ahimsa, la non-violence universelle** », je lui récite de mémoire. Je vous avoue que je ne comprends pas la maltraitance que nous leur faisons subir.

— Renouer avec le monde animal est une urgence. Vous aurez peut-être un rôle à jouer dans ce sens, me dit-elle en tirant une dernière et nouvelle carte. Voici la lame de la Force, soyez persévérant, le chemin ne sera pas facile, mais vous y arriverez. L'énergie que vous développerez sera positive et créatrice. Allez au bout

---

* Yoga-sûtra de Patanjali (II, 35).

de vos projets, ne lâchez pas, me dit-elle, me prenant la main dans la sienne.

À son ton, je comprends que c'est le grand final. J'aimerais bien savoir à quoi « j'arriverai », mais il semble bien que tout le contenu du sablier a fini de couler. Je dégage ma main en douceur, la remercie tout en n'oubliant pas de lui faire un chèque.

*

Dans la rue, je fais quelques pas, je laisse Electra trottiner librement devant moi. Je suis songeur. Les mots de la liseuse de tarot résonnent encore en moi. Les derniers surtout, concernant cette fameuse « résonance » qui semble exister avec les animaux. J'ai récemment lu dans un numéro du magazine *Science* que différentes études ont été menées par des scientifiques sur ce qu'ils qualifient de la « théorie de l'esprit* ». L'une consistait à présenter au chien deux seaux dégageant la même odeur de nourriture alors que seulement un contenait réellement des aliments. Différentes personnes venaient à tour de rôle désigner le seau qui contenait à manger, puis d'autres, le seau vide. Au fil des essais, les chiens se sont dirigés de moins en moins souvent vers le seau que désignait le menteur, apprenant à perdre confiance en ceux qui donnaient de fausses informations. Les scientifiques en ont déduit de manière très simpliste que « les chiens ont appris à traiter différemment l'humain coopératif de l'humain trompeur ».

* « Savoir qu'un autre peut avoir des pensées différentes des vôtres » (définition de Naomi Chedd, spécialiste de l'autisme). Théorie inventée en 1978 par des chercheurs qui se livraient à des expériences avec des chimpanzés.

Puis ils ont poussé leurs réflexions plus loin en prétendant que les chiens avaient dû lire littéralement dans les pensées des humains pour « prouver » qu'ils avaient cette fameuse « théorie de l'esprit ». C'est idiot, justement les chiens ont prouvé qu'ils possédaient cette théorie, car ils avaient bien compris qu'un humain peut savoir où se trouve l'aliment alors qu'eux pas.

Cela n'est pas sans me rappeler une expérience incroyable que j'avais pu observer de près il y a une dizaine d'années lors du tournage d'un film que j'étais parti réaliser en Inde sur l'écrivain Dominique Lapierre et ses œuvres humanitaires à Calcutta et dans le Bengale de l'Ouest*. Un des moments les plus émouvants de cette aventure fut de naviguer dans la région des Sundarbans, une région faite d'innombrables bras et canaux du delta du Gange, sur des bateaux-hôpitaux venant au secours des villageois résidant sur les nombreuses îles. J'y avais découvert une chose étonnante concernant les tigres qui y rôdent et leurs capacités à saisir que les hommes sont capables de savoir qu'ils les traquent.

La misère y est terriblement présente, presque plus violente que dans le bidonville de *La Cité de joie***. J'ai vu de mes yeux un bébé d'à peine trois mois mourir dans les bras de sa mère faute de soins médicaux appropriés. La seule source de revenus dont les paysans disposent provient de la récolte de miel. Ils parcourent de long en large les différentes îles pour le trouver, mais le drame est qu'ils partagent ces territoires avec des tigres mangeurs d'hommes. Ces prédateurs ont pris goût à la chair

---

* *Mille Soleils*, diffusion Odyssée (TF1), 52 minutes, Production Image & Compagnie, 2001.

** Dominique Lapierre, *La Cité de la joie*, éditions Robert Laffont, livre paru en 1992 et adapté au cinéma par Roland Joffé.

humaine, car les habitants procèdent à la crémation des corps des défunts. Mais comme ils n'ont pas assez de bois à leur disposition, les corps sont souvent mal consumés, et les tigres viennent s'en nourrir. Pour se protéger de leurs attaques, les villageois ont eu recours à un système ingénieux, ils portent des masques de carnaval devant derrière, pour que les yeux et le visage soient situés à l'arrière de leur tête. Les tigres n'attaquent pas, car ils se croient observés. Un des cueilleurs de miel m'avait même raconté que depuis la mise en place de cette ruse, aucun individu masqué n'avait été attaqué alors que d'autres, qui ne portaient pas de masque, se faisaient tuer. On peut en déduire que les prédateurs opèrent en comprenant que leur proie peut les voir s'approcher furtivement et qu'elle peut agir indépendamment. Mes jeux avec Electra sont finalement du même acabit. Elle sait m'inviter au jeu en se préparant puis en exécutant son plan, sachant très bien que je comprends son manège.

Il est temps d'aller nous promener. Air frais, copains, roulades dans la terre, voilà la vraie vie. Quand nous arrivons sur le terrain du Champ-de-Mars spécialement délimité pour les chiens, j'aperçois son « fiancé », Benji. Ce labrit de couleur noire a complètement subjugué Electra. Elle le suit partout et quand il quitte le terrain de jeu, elle s'effondre et ne veut plus bouger. Ce soir-là, je suis aussi déprimé qu'elle. Et moi ? Où est donc ma fiancée ?

Chapitre 6

# ELECTRA KIDNAPPÉE

Je l'ai retrouvée. Ou plutôt, je l'ai amenée à me retrouver. Quelques jours avant son anniversaire, je lui ai envoyé le livre de méditation écrit par David Lynch* dans lequel le cinéaste décrit ses premières séances de méditation transcendantale et comment il les lie intimement à sa créativité. Une phrase du réalisateur m'avait marqué et conforté dans ma pratique : « *En trente-trois ans, je n'ai pas manqué une seule méditation. Je médite le matin et à nouveau l'après-midi, pendant une vingtaine de minutes chaque fois. Puis, pendant la journée, je fais ce que j'ai à faire. Et je constate que la joie de faire des choses, d'agir, en est accrue. L'intuition s'accroît. Le plaisir de vivre est amplifié. Et la négativité diminue.* » Sarah produit et réalise des films publicitaires et je sais qu'elle s'est récemment mise au yoga. Un clin d'œil qui a fait mouche, car quelques jours plus tard nous déjeunons ensemble.

Trois années se sont écoulées depuis notre rupture. Je fais profil bas, car durant les dernières semaines de notre relation, je n'étais plus que l'ombre de moi-même, totalement submergé par

* David Lynch, *Mon histoire vraie*, traduit de l'anglais (États-Unis) par Nicolas Richard, éditions Sonatine, 2008.

ma consommation d'alcool. Absences, colères et comportements erratiques eurent raison de sa patience, elle claqua la porte un matin d'octobre.

Nous sommes assis l'un en face de l'autre dans un restaurant thaïlandais. J'ai amené avec moi ma plus fidèle ambassadrice qui s'est installée sous la table. Je sens sa patte qui se soulève et vient s'appuyer plusieurs fois sur mon pied. Elle doit sentir ma nervosité. Cette petite tape régulière me permet de rester pleinement dans le moment présent et de ne pas perdre confiance en moi. Le passé est lourd et à la fois terriblement présent. Je le sens dans chacun des regards et des gestes que Sarah m'adresse. Elle me demande depuis quand j'ai un chien. Je lui raconte rapidement ma rencontre avec Electra. Cela semble l'amadouer un peu. Puis elle m'explique qu'elle n'a appris que récemment l'ampleur de mon accident. Un ami l'avait prévenu alors que j'étais à l'hôpital, et elle lui avait demandé de me transmettre son message de soutien. (Celui-ci ne m'en a jamais informé.)

J'essaie d'amener la conversation sur d'autres sujets, plus gais. Je sens la colère monter en moi. J'ai résisté à l'envie de l'appeler quand j'étais sur mon lit d'hôpital, car je ne voulais pas l'apitoyer sur mon sort, mais secrètement j'espérais que quelqu'un le ferait à ma place. Je comprends mieux pourquoi je n'ai pas eu de ses nouvelles.

Elle me parle de son travail et des projets qu'elle développe. Je l'écoute, j'essaie de me détacher de mes motivations secrètes : la reconquérir.

Ne rien attendre, ne rien attendre, je me répète en boucle tel un mantra. Je me verse un verre de Badoit ; curieuse, elle me demande si j'ai arrêté l'alcool. Un frémissement de fierté me parcourt le corps quand je lui annonce que cela fait plus de quatre ans que je n'ai pas touché à un verre. Une petite pression de la patte de ma chienne sur ma chaussure me rappelle à l'ordre... Rester calme, ne pas trop en faire. Je vois bien que Sarah a du mal à y croire, les souffrances que ma dépendance lui a fait endurer sont encore palpables. Elle regrette que ma décision ne fût prise qu'après son départ, mais elle espère que je tiendrai. Je lui dis que oui, que j'ai de nouvelles responsabilités, que je ne veux plus détruire les chances que la vie peut m'offrir. Je ne sais pas qui, d'elle ou de moi, j'essaie le plus de convaincre. Elle est encore sur la défensive, mais il me semble apercevoir une lueur dans ses yeux qui ressemble à une promesse. Le repas s'achève, nous nous sourions, complices, et j'en profite pour lui faire promettre de nous revoir.

*

Quelques mois plus tard, je déménage. Je crois avoir trouvé un bon plan, mais cela se révèle être une arnaque dans le style du film *Un éléphant, ça trompe énormément**. Les protagonistes du film visitent une maison de campagne pleine de charme à quelques kilomètres au nord de Paris. Coin de verdure et de calme qu'ils investissent avec bonheur jusqu'à un matin où ils se réveillent avec le bruit infernal d'avions qui rasent le toit de leur maison. Ils l'avaient visitée et achetée lors d'une semaine de grève des aiguilleurs du ciel.

Comme eux, j'ai visité et signé le bail un week-end pour m'apercevoir le lundi qu'un hôtel jouxtant l'immeuble était

* Un film réalisé par Yves Robert avec Jean Rochefort, Claude Brasseur, Guy Bedos, Victor Lanoux, Anny Duperey, 1976.

en pleine construction. Les réveils se font au son des marteaux-piqueurs en pleine action et des scies électriques en musique de fond.

Malgré cela, la bonne nouvelle est que Sarah et moi avons décidé de nous donner une deuxième chance. Nous avons pris le temps de nous revoir régulièrement, d'échanger et de tenter de ne pas reproduire les erreurs du passé. Mon abstinence la rassure, mais mon état de santé l'inquiète. Je n'en vois pas le bout. Je me suis accroché et après deux années de rééducation classique, j'ai achevé les trois ans d'investissement et d'enseignements que m'a transmis ma professeure de yoga Thérèse. Je me rends également tous les mardis au centre de yoga Iyengar de Paris suivre les cours thérapeutiques. J'ai un meilleur périmètre de marche et une colonne qui se réaligne, mais les douleurs sont encore très présentes. J'ai l'impression que cette nouvelle incarcération est une camisole aussi puissante que celle de l'alcool. Je me replie sur moi, la souffrance me plonge dans un état de victime dont j'ai du mal à me détacher.

Mon rituel avec Electra ne change pas. Nous continuons nos promenades matinales malgré les coups de couteau qui lacèrent mon dos dès le réveil. Cela me pousse de l'avant et la joie de la voir courir et de faire de nouvelles rencontres apaise ce bouillonnement de colère intérieure qui m'habite. Certains matins, comme un mantra, je me répète une phrase extraite de la Bhagavad-Gita* que nous a lue Thérèse à notre dernier stage :

---

* La Bhagavad-Gita ou Bhagavadgita est la partie centrale du poème épique *Mahabharata*. Ce texte est un des écrits fondamentaux de l'hindouisme, souvent considéré comme un « abrégé de toute la doctrine védique ». La Bhagavad-Gita est composée de dix-huit chapitres.

*« Celui dont le bonheur est intérieur, dont le contentement est intérieur, dont la lumière est intérieure, ce yogi ne fait qu'un avec Brahma, il atteint à la liberté éternelle dans la conscience divine. »* Le chemin est long pour atteindre une telle sérénité, mais c'est bien le but, cheminer.

L'hiver arrive, et celui-ci est d'une rare violence. Les températures en ce mois de décembre chutent en dessous de zéro. Tempêtes de neige, coups de vent glacé immobilisent une grande partie de la capitale. Si les hommes redoutent ces intempéries, les chiens en raffolent. Au parc, c'est la joie la plus absolue. Electra se roule dans la neige et la mange à pleines dents. Notre grand jeu est de lancer en l'air des boules de neige qu'elle attrape dans sa gueule. Ses autres amis à quatre pattes cavalent dans tous les sens pendant que les pauvres humains avancent centimètre par centimètre en manquant de perdre l'équilibre à chaque pas sur les plaques de verglas qui se sont formées dans la nuit.

Lorsque nous nous croisons, nous échangeons des regards complices qui en disent long sur les sacrifices que nous faisons pour que nos chiens sortent et s'amusent. Sur le chemin du retour, une amie m'appelle, me demandant de venir la chercher à l'hôpital d'Issy-les-Moulineaux. Elle sort d'une longue convalescence, et je connais trop bien le sentiment de solitude que peut provoquer un retour chez soi après un séjour en soins hospitaliers. Je décide de passer la chercher pour la reconduire et l'installer chez elle. À la sortie de Paris, la neige transformée en boue dans la capitale est devenue une vraie patinoire en banlieue. Je roule à deux à l'heure, ma chienne allongée sur la banquette arrière, encore recouverte de neige. Je m'approche du centre hospitalier Corentin-Celton et arrête ma voiture devant la sortie pour récupérer mon amie. J'attends quelques minutes, personne. Je décide de faire un tour rapide à la réception, je laisse le moteur tourner et me dirige vers l'intérieur de l'établissement. Mon amie est là, appuyée sur des béquilles. Je l'aide à marcher jusqu'à la voiture. Arrivé à l'extérieur devant la réception, je constate : plus de voiture ! Je regarde à gauche, à droite, rien. Panique. Il s'est écoulé à peine deux minutes, et j'étais juste devant ! Peut-être la fourrière ? Je raccompagne mon amie à l'intérieur et lui commande un taxi. Malgré le froid, je transpire à grosses gouttes. Le sang martèle mes tempes. Il faut que j'agisse vite, Electra doit être en panique. J'appelle la fourrière de l'arrondissement, pas de véhicule. Celle du département, celles en Île-de-France, toujours rien.

Je tremble de rage et d'impuissance. Je n'ai plus qu'une solution, me rendre au commissariat d'Issy-les-Moulineaux. Je dois être livide, car l'agent qui me reçoit se penche aussitôt sur mon cas. Je lui explique la situation en bredouillant. Pendant plus d'une demi-heure, je remplis des formulaires tout en passant des appels à l'hôpital. J'essaie de me calmer. Je cherche un endroit où m'isoler. Les toilettes. Je pars m'y enfermer. Assis sur la cuvette, je réfléchis aux meilleures options pour retrouver la piste de ma chienne. C'est surréel. Il faut que je demande de l'aide. Je m'agenouille et je me mets à prier. Depuis mon retour de l'hôpital, jamais je ne l'ai fait avec tant d'ardeur. Je reprends confiance. Les yeux fermés, je confie, j'implore. Qu'importe le ridicule de la situation, je sais que l'intention compte.

J'implore tous les anges et les guides de l'univers de venir à mon secours. Je culpabilise. Mon inconscience ou juste ma naïveté m'ont aveuglé. Un hôpital, une bonne action, et me voilà puni. Mais pire, c'est ma chienne qui en subit les conséquences.

Je quitte le commissariat et retourne chez moi. Ne pas se laisser abattre, trouver des solutions. J'appelle Sarah et je lui demande de l'aide. Elle est réactive, elle me demande de lui envoyer une photo et, quelques minutes plus tard, elle me renvoie un flyer avec un avis de recherche. Je passe chez un loueur de voitures et, en fin de journée, je parcours Issy-les-Moulineaux armé d'une vingtaine d'affiches promettant une récompense à quiconque l'a vue ou recueillie. Je colle à tout va. Rien ne m'échappe, boulangeries, épiceries, restaurants et à peu près tous les lampadaires de la ville se retrouvent placardés du portrait d'Electra.

Abattu et éreinté, j'entre dans un café et m'effondre sur une banquette usée. Je ne veux pas abandonner. Il faut que je continue la recherche. Le soir tombe, et la température descend dangereusement en dessous de zéro degré. J'imagine le pire. Le ravisseur l'a jetée hors du véhicule, et elle gît sur le sol, blessée, incapable de bouger. Autre scénario, après avoir été abandonnée, elle s'est fait écraser. Je pense aux laboratoires clandestins et aux monstrueuses expériences qui y sont menées. Je frissonne. J'appelle ma tante Isabelle pour trouver un peu de réconfort. Elle se propose de me rejoindre et de lancer sa chienne, la fameuse « sœur fâchée », sur la piste de la disparue. Une heure plus tard, nous voici tous les trois arpentant les ruelles, les impasses et les recoins les plus sombres de la ville, lançant à tout va des « Electra ! ». De temps à autre, j'ai l'impression de perdre la notion du temps et de la réalité. J'entends un aboiement, un glapissement, je crois un court instant que c'est elle. Je retrouve un peu d'optimisme, aussitôt emporté au loin par une rafale de vent glacial qui nous gifle le visage. Notre équipée sauvage s'acharne encore. La petite truffe noire de Willie représente tous mes espoirs. « Cherche, cherche... », je lui souffle à l'oreille. Le froid s'intensifie, plusieurs fois nous manquons de glisser sur les plaques de verglas qui se sont formées avec le gel.

Mon portable sonne. Un homme me demande à combien se monte la récompense. Il pense avoir aperçu une chienne correspondant au descriptif de l'affichette qu'il a vu accrochée sur un poteau. Mon cœur part au quart de tour. Puis il insiste lourdement sur le prix, il veut plus. Ça sent l'arnaque à plein nez. Je raccroche. Ma tante et moi, nous nous regardons, découragés. Nous sommes transis de froid, et Willie n'est pas un chien de traîneau, elle ne tiendra pas longtemps à marcher sur la neige. Nous décidons de faire une pause. La première de cordée interrompt les recherches, et nous rentrons au chaud chacun chez soi.

Aussitôt arrivé chez moi, je prends une douche chaude et je m'allonge sur mon lit. J'essaie de me reposer un peu, mais j'ai la sensation que chaque minute compte et je n'arrive pas à me détendre. Une nouvelle fois, je pense aux pires scénarios catastrophes et je craque. Depuis le début de la journée, je retiens mes larmes. Ce sont de longs sanglots qui se déversent sur mes joues. Je n'arrive pas à m'arrêter. Impossible d'imaginer ma vie sans ma chienne. Je ressens de plein fouet le vide qu'elle laisserait si je ne pouvais la retrouver. J'ai une pensée pour d'autres qui perdent ainsi leur compagnon et également pour les familles des enfants portés disparus. J'ai été impressionné au commissariat par le nombre d'avis de recherche épinglés sur un mur pour retrouver des enfants ou des adolescents. Quel désespoir ! Quelle tragédie !

La voix chevrotante, j'appelle Sarah. Je lui raconte l'enfer de la journée. J'essaie de cacher ma peine, mais tout mon être en est empreint. Je sens une certaine réserve au bout du fil. Elle ne peut pas comprendre que je touche le fond, et je ne lui en veux pas. C'est une douleur profonde et intime. Le lien avec ma chienne est une chose indéfinissable que les mots ne peuvent exprimer. Nous sommes reliés l'un à l'autre par un cordon invisible fait d'amour pur. Je suis convaincu que les distances ne l'atténuent jamais. C'est un ensemble fait de télépathie, de champs énergétiques qui s'échangent en permanence. Le terme utilisé par le scientifique Rupert Sheldrake est celui de « champs morphiques ». Si toutes ces conditions le résument alors il existe, j'en suis certain, et il relie aussi bien les êtres entre eux que les animaux aux humains. S'il est coupé, si l'un interrompt l'émission de cette fréquence vibratoire, le plus souvent en raison de la mort, alors je suis convaincu que l'autre le sent immédiatement. Combien d'histoires d'hommes ou de femmes témoignent de ce phénomène, de cette sensation de vide qui les a envahis au moment où un être cher est décédé loin d'eux. Le chien d'un de mes amis s'est laissé mourir quelques jours après le décès de celui-ci d'un cancer à l'hôpital américain de Paris. Le Jack Russell appelé Sam, que j'avais rencontré plusieurs fois, était étonnant d'intelligence, et une merveilleuse connexion existait avec son humain Dany. Quelques jours après les funérailles de mon ami au cimetière du Père-Lachaise, Sam arrêta de se nourrir et se laissa mourir, dans la maison où mon ami résidait une partie de l'année... à l'île Maurice !

Nous nous sommes déconnectés de cette force qui nous entoure et nous relie les uns aux autres. La retrouver est possible. J'en ai fait l'expérience par la pratique du yoga, puis de la méditation.

Mais là, il faut que je mette tout en œuvre pour rester calme, me concentrer sur les solutions et ne pas continuer à échafauder des scénarios catastrophes. Mon amie Victoria, l'une des premières à avoir rencontré ma chienne à sa sortie de la SPA, m'appelle et me redonne courage. Nous nous donnons rendez-vous non loin de l'hôpital où ma voiture a été volée et nous partons affronter le froid dans les rues sombres de la ville. Je ressens à peine sur mon visage les morsures du vent qui s'engouffre dans les ruelles et les avenues, je suis en mission, rien ne peut m'arrêter. Je colle de nouvelles affiches, je m'arrête dans des restaurants, des cafés, j'entraîne Victoria dans cette nouvelle équipée sauvage. Au bout de deux heures, la fatigue prend le dessus et une deuxième fois, je dois renoncer. Je remercie mon amie d'être venue me porter secours, et je lui demande de rentrer. Elle adore Electra, mais là, c'est trop lui demander.

Il est presque huit heures du soir, cela fait plus de six heures que ma chienne a disparu. Je n'ai reçu aucun coup de fil qui puisse me redonner espoir, ni message du commissariat. Je m'arrête devant une pizzeria aux allures lugubres. J'entre et m'assieds à une table collée à un aquarium où quelques malheureux poissons tournent en rond. Tout ici respire la tristesse. La serveuse outrageusement maquillée au tablier taché, le bar en lino vert, le lustre en plastique blanc et les nappes usées des tables aux carrés rouges et blancs finissent de me saper le moral. J'envoie un SMS à Sarah lui laissant l'adresse où je suis. Quelques instants plus tard, c'est une pizza molle et dégoulinante que l'on me présente sous le nez. J'y touche à peine.

Sarah me rejoint, me prend dans ses bras et tente de me réconforter. Chaque minute qui passe me semble interminable. Je me sens coupable de ne pas utiliser ce temps précieux pour continuer mes recherches. Nous avalons tous les deux un morceau de la pitance qui s'étale dans mon assiette, arrosé d'un verre de Coca-Cola pour bien plomber notre estomac. Je dois reprendre des forces. Ce qui est étonnant est que malgré le froid et les heures de marche je n'ai pas mal au dos. Je puise dans toutes mes réserves, je ne veux rien lâcher. Le regard dans le vague, je reste néanmoins aux aguets, à l'écoute du moindre aboiement qui viendrait de l'extérieur. Je connais son timbre par cœur. Je peux le distinguer entre des dizaines. C'est exactement comme la voix des humains et leurs différentes intonations. Electra communique beaucoup et, au fil des années, j'ai appris à décrypter ses vocalises canines. Courte ou longue, aiguë ou plus grave, chacune est une tentative pour me communiquer ou pour m'exprimer ses envies et ses humeurs. Un léger grognement un peu sourd signifie un désaccord alors qu'un long hurlement aigu est un signe de joie ou d'invitation au jeu.

Sarah me tire de ma rêverie en me passant son téléphone. Je la regarde, étonné.

— C'est Martine, me dit-elle, elle est voyante, demande-lui où est Electra, tu verras, elle est étonnante.

Je n'ai plus rien à perdre, d'une voix faible et découragée, je lui demande si elle a une idée où se trouve ma chienne. D'un ton sans équivoque, elle me dit, très sûre d'elle, qu'elle la voit dans une voiture garée sur un parking. Je suis bluffé, Sarah ne lui a rien dit sur le vol et sur ce qui s'est passé. Elle continue en me disant qu'elle est avec un homme qui a un profil psychologique étrange, mais qui aime les animaux. Il ne lui fera aucun mal, elle sent qu'il est lui-même assez perdu et trouve du réconfort auprès d'Electra. Je ne sais pas pourquoi, mais intuitivement je la crois. Au moins, elle n'est pas dans la rue, agonisante. Je reprends espoir, je me lève, prêt à affronter une nouvelle fois les intempéries. Sarah sourit, se lève à son tour, attrape ma main, et nous sortons du restaurant. La troisième de cordée reprend les recherches.

Il fait de plus en plus froid, et nous avançons prudemment sur un sol verglacé. Les rues d'Issy-les-Moulineaux sont lugubres. Quelques lampadaires éclairent faiblement les avenues bordées d'immeubles modernes aux lumières éteintes. Nous nous dirigeons vers un parking qui longe le parc Henri-Barbusse. Je suis mon instinct, et les visions de la voyante. Nous nous approchons de quelques voitures qui y sont garées. Je regarde à l'intérieur de chacune d'entre elles. Je scrute les recoins, espérant y apercevoir une boule de poils. J'appelle ma chienne. Rien. Je vois Sarah faire la même chose un peu plus loin. Nous ne laissons rien au hasard. Mais nous nous rendons vite à l'évidence, toutes les voitures sont vides. Nous sommes transis de froid et je sens mes muscles se raidir. Je sais que je ne vais pas tenir longtemps et j'imagine que pour Sarah, c'est la même chose. Nous décidons d'aller inspecter un autre parking près du fort de la ville à quelques centaines de mètres de là. Nous nous agrippons l'un à l'autre alors qu'une forte bourrasque manque de nous faire perdre l'équilibre. Je la sens glisser d'un côté, je la rattrape, mais sa main m'échappe et je la vois partir de l'autre côté et tomber sur ses genoux. La terre où nous sommes est gelée, c'est du ciment. Sarah grimace de douleur. Je me penche pour la soulever, elle peut à peine se redresser. Il est temps de rentrer.

De retour à l'appartement, je lui fais couler un bain chaud. Mais la douleur est telle qu'elle n'arrive pas à y rentrer. Son genou droit est dangereusement enflé, même allongée elle se plie de douleur. J'appelle SOS Médecins. Quelques minutes plus tard, un jeune médecin arrive et ausculte Sarah.

— C'est une rupture des ligaments croisés, l'articulation de son genou a subi une telle torsion qu'elle est à l'origine de la rupture ligamentaire partielle ou totale. C'est comme un élastique qui se casse, nous dit-il. C'est une des douleurs les plus violentes qui existe, ajoute-t-il, histoire de bien nous remonter le moral.

Il ne peut pas faire grand-chose, à part une piqûre de morphine et nous conseille d'appeler les pompiers. Il est presque minuit quand ils arrivent et la transportent aux urgences de l'hôpital Cochin.

Je ne connais que trop bien cet hôpital, il y a quatre ans, j'y étais ausculté en pleine nuit avant d'être transféré en urgence à la grande garde de l'hôpital Henri-Mondor, à Créteil. Je patiente dans la salle d'attente alors que tous ces souvenirs remontent à la surface. Avec la tension de la journée, j'ai peur de craquer et de ne pas être à la hauteur pour soutenir Sarah. Je quitte l'hôpital et me dirige vers une brasserie du boulevard Montparnasse ouverte toute la nuit. Un grand crème et un croissant m'aident à refaire surface, je lâche. Cette journée est un véritable cauchemar. Mon portable sonne, un urgentiste me demande de revenir chercher ma compagne, elle peut rentrer chez elle. Il est presque quatre heures du matin quand nous écroulons l'un contre l'autre dans notre lit. Malgré mon épuisement, je ne trouve pas le sommeil. Entendre le souffle de la respiration de ma chienne au pied du lit ou ses allées et venues dans l'appartement pendant la nuit sont des bruits qui m'apaisent. Mon esprit la cherche. Je souffre de son absence.

En prenant mon petit-déjeuner avec Sarah, je n'arrive pas à retenir mes larmes. Je lis dans son regard son incompréhension et sa déception que je ne reste pas auprès d'elle. J'alterne mes rendez-vous professionnels avec des allers-retours à Issy-les-Moulineaux. Dans l'après-midi, elle me laisse un message m'informant qu'elle est rentrée chez elle. Malgré l'attelle qu'on lui a mise et les douleurs persistantes, elle a préféré se retrouver dans son univers. C'est à ce moment-là que notre histoire s'est finie. Il est difficile pour une personne qui n'a pas d'animal de saisir la profondeur de l'attachement que l'on porte à son compagnon. La détresse qui survient et les émotions qui nous submergent quand il est en danger sont indescriptibles. Le neuropsychiatre Boris Cyrulnik l'a bien souligné en disant que « *que nous soyons oiseaux ou mammifères supérieurs, comme les dauphins, les chiens, les chats, les singes et les êtres humains, quand un accident de l'existence nous prive de la possibilité de nous attacher à un autre, tous nos développements se bloquent parce que nous appartenons à une espèce où un individu a besoin d'un autre pour devenir lui-même* ».

Il n'y a pas de comparaison possible avec l'amour que je porte à une femme, mais souvent la frontière est si fine, si fragile qu'il est difficile pour l'autre de ne pas se sentir délaissé au profit de l'animal. L'inverse est également vrai. La jalousie existe aussi chez les chiens, c'était déjà une évidence pour Darwin. J'ai plusieurs fois surpris des regards anxieux et interrogateurs de ma chienne quand je montre de l'affection à ma partenaire. Le plus révélateur est évidemment vis-à-vis de ses congénères. Là, ce sont des vocalises de réprimande et des bonds de mécontentement. « Mon humain, c'est chasse gardée », signifie Electra dès que je m'approche trop près d'un autre chien. Plusieurs fois, alors que je me mettais à caresser un de ses amis du Champ-de-Mars, elle s'interposait entre nous, puis repoussait l'intrus avec son postérieur. Le dédain absolu. Longtemps, ce sentiment a été réfuté par nombre de scientifiques et de vétérinaires jusqu'à ce qu'il ressurgisse, il y a une dizaine d'années, et que beaucoup le reconnaissent. Chez les amis des animaux qui vivent au quotidien avec eux, cela fait sûrement des siècles que c'est une évidence.

Il y a une autre chose importante qu'il faut comprendre pour les chiens adoptés. Ils passent leurs premiers mois dans des conditions difficiles et au contact de peu d'humains différents. D'un jour à l'autre, ils sont emportés par un étranger dans un monde qu'ils ne connaissent pas et dans lequel ils doivent faire face à des tas d'éléments qui peuvent les terroriser. Le vétérinaire comportementaliste Claude Béata* parle d'un « *flot d'émotions négatives auquel il faut ajouter la rupture d'attachement avec la mère ou le groupe, qui ouvre une nouvelle période sensible, et l'animal va transférer son attachement sur un propriétaire* ».

Le lien qui me lie à Electra est donc d'autant plus fort, le vétérinaire comportementaliste emploie même le terme « d'hyper attachement secondaire ». Les premiers mois, quand je m'absentais, elle exprimait sa détresse par des dégâts importants dans mon appartement. Elle avait le talent de n'attaquer qu'une chaussure par différente paire et de ne choisir que les dossiers les plus importants sur mon bureau qui terminaient en miettes disséminés sur la moquette. Cette séparation forcée est donc un calvaire ou ce syndrome, si l'on peut le décrire comme cela, risque de se réactiver et de la traumatiser. Intérieurement, j'enrage. Je me rends responsable d'une négligence et d'une connerie sans nom, alors que la deuxième journée de sa disparition touche à sa fin.

Une nouvelle fois, la nuit est lourde de silence. À cette sourde et douloureuse absence s'ajoute celle de Sarah. Ma culpabilité est double. Je n'ai plus de ressources. J'ai peur de perdre les deux, j'ai peur de cette solitude qui m'accompagne depuis longtemps et à laquelle j'ai du mal à faire face. Un soir, ma cousine Diana, que j'avais appelée à New York au milieu de la nuit tellement mes

---

* Claude Béata, *Au risque d'aimer*, préface de Boris Cyrulnik, éditions Odile Jacob, 2013.

angoisses d'âme esseulée me serraient la gorge, m'avait conseillé de m'asseoir devant un fauteuil vide, d'y imaginer un être imaginaire et de converser avec lui. Cela m'avait aidé.

Une histoire qui me plaît beaucoup et m'aide dans ces moments de découragement est celle de cet homme désespéré qui part marcher seul sur une plage. Il implore Dieu de lui venir en aide et de lui donner un signe de sa présence. Des pas apparaissent à côté des siens et une voix rassurante lui confirme une présence divine prête à le soutenir. Quelques jours plus tard, l'homme revient sur la même plage, ses problèmes se sont aggravés, et il demande à nouveau de l'aide à son protecteur. Rien… aucun pas sur le sable. Après des semaines de galère, il refait surface, retourne sur la même plage et, furieux, interpelle Dieu : « Où étais-tu ? » Une voix se fait entendre et lui rétorque : « Tu ne pouvais voir mes pas, puisque je te portais. » Je m'endors en imaginant que je suis porté par mon ange ou quelque créature divine…

Le lendemain matin, j'ai du mal à avaler mon petit-déjeuner. Tout mon corps est tendu. Je prends mon téléphone et laisse un message à Sarah lui demandant si elle a besoin de quelque chose. À peine ai-je raccroché qu'un numéro inconnu m'appelle. Je décroche et entends une voix sans timbre me demander d'un ton neutre si je suis le propriétaire du véhicule noir de marque Volkswagen immatriculé BA 756 MV. Ma main tremble. Je réponds que oui. Ma voiture a été trouvée à l'arrêt sur le bord d'une nationale… j'interromps la voix monocorde et hurle presque :

— Et la chienne ? Et la chienne ?!

— Oui, me répond-on, il y avait bien un animal à l'arrière du véhicule…

Je m'entends hurler :

— Elle est vivante ?

— Oui, elle est vivante, elle va bien, la voiture était à l'arrêt, dangereusement garée sur une bordure de nationale près de Bobigny.

Bobigny ! C'est au nord-est de Paris à plus de vingt kilomètres d'Issy-les-Moulineaux ! Je n'en reviens pas. J'aurais pu ratisser toutes les rues, ruelles et avenues des jours et des nuits entiers, je me serais épuisé pour rien. Je me calme et demande des détails. La personne qui a volé mon véhicule est un jeune Sénégalais sous suivi psychiatrique à l'hôpital Corentin-Celton. Il a réussi à s'échapper de la surveillance des infirmiers et à prendre la fuite à bord de ma voiture. Electra a dû être prise de panique quand cet homme a déboulé dans l'habitacle et l'a kidnappée dans son évasion. L'histoire ne s'arrête pas là. Le fuyard a roulé plusieurs jours, s'est arrêté sur une aire de parking vingt-quatre heures où il a été repéré par des habitants du quartier avant de repartir sur la route et de tomber en panne d'essence. Il a pris soin de ma chienne et lui a donné à manger. Par contre, il semble qu'elle ne soit pas sortie du véhicule tout ce temps. Je remercie l'agent et lui demande s'ils ont pu lui faire faire un tour.

— Non, me répond-elle, ils n'ont pas le droit, au commissariat, d'intervenir, il faut que le propriétaire soit présent.

Je bondis hors de chez moi et, trois minutes plus tard, je suis dans un taxi qui roule en direction de Bobigny. Je n'ose pas imaginer dans quel état est Electra. J'appelle ma tante Isabelle qui se propose à nouveau de me venir en aide et de la réceptionner avec l'aide de sa « sœur fâchée » Willie.

Une façade moderne et grise aux longues fenêtres étroites avec l'inscription « Hôtel de police » se dresse devant moi.

Je m'engouffre dans le commissariat et, quelques minutes plus tard, je suis conduit vers un parking à l'arrière du bâtiment. J'aperçois ma voiture et, intérieurement, je prie pour qu'Electra ne soit pas complètement traumatisée ou blessée. Mon téléphone sonne, c'est Sarah. Je n'ose pas répondre. J'entends la voix de ma tante qui arrive également, tenant sa chienne en laisse qui lance de longs aboiements comme si elle voulait appeler son amie. J'aperçois la tête ébouriffée de mon griffon se dresser à l'arrière de ma voiture. Je m'élance et lui ouvre la portière. Je vois à son regard qu'elle est désorientée et a du mal à prendre conscience que son cauchemar s'achève. Willie bondit dans la voiture et se met à l'inviter au jeu. Je me baisse et me glisse à l'arrière et la prends dans mes bras. Je la serre fort contre moi, puis l'invite à sortir. Tout doucement, encore ankylosée par les heures passées à rester immobile, elle pose une patte puis l'autre sur l'asphalte du parking. Isabelle et moi la regardons, émus. Elle a du mal. Elle avance quelques mètres et se permet enfin d'uriner. Je n'en reviens pas qu'elle se soit retenue tout ce temps. Willie, quant à elle, joue parfaitement son rôle de soutien psychologique et continue de solliciter son amie. Peu à peu, son regard se fait plus présent et son bout de queue se met à remuer. Elle sort de sa léthargie et me lance un long regard mi-accusateur, mi-reconnaissant que je n'oublierai jamais et j'entends la voix du Petit Prince me rappeler : « *Tu deviens responsable de ce que tu as apprivoisé.* »

Ce soir-là, Electra est collée au pied de mon lit. Avant de m'endormir, j'écoute sa respiration ralentir pour se transformer en petits couinements, signes qu'elle rêve. Je suis rassuré et je me dis que véritablement le chien est un modèle de résilience et que son tuteur le plus sûr est l'amour. Demain, je dois passer voir Sarah et trouver le moyen de nous réconcilier. Je sais qu'elle a souffert physiquement et que cela attise la douleur de ce que l'on appelle les « corps émotionnels ». Enfouis en nous siègent de nombreux traumatismes, petits ou grands, qui lors de chocs physiques ou psychologiques refont surface. L'un comme l'autre, dans le drame qui vient de se dérouler ces derniers jours, nous avons fait face à d'anciennes mémoires, souvent pénibles, qui ont ressurgi. Y faire face et les gérer est un énorme travail que nous avons chacun entrepris avec nos propres outils thérapeutiques. Mais la route est longue et sinueuse.

Je la retrouve chez elle. Un bouquet de fleurs en main, ma chienne et moi faisons profil bas. Je suis toujours étonné par la faculté qu'ont nos compagnons à ressentir nos émotions et à s'y adapter. Chez Sarah, j'ai l'impression qu'Electra rase les murs, qu'elle essaie de se faire la plus discrète possible. Le regard qui me fixe est noir, je connais sa dureté et je sais d'où elle vient. Des années à se construire seule, sans famille, et un parcours qui m'a toujours impressionné par la volonté de s'extraire d'un milieu social modeste.

Je me rappelle un jour où elle m'avait dit que son rêve d'adolescente était de conduire une voiture avec la plaque 75 gravée dessus. La capitale parisienne, source de convoitise, de rêves déchus et de barrières sociales si cruelles. Je n'ai pas eu à franchir ces étapes et je n'ai pas eu à souffrir de discrimination sociale. Deux destins qui ont eu la chance de se croiser malgré des parcours très différents. Sarah m'a beaucoup appris sur cette volonté de ne rien lâcher et de se battre jusqu'au bout. Mais ce soir, il s'agit de nos sentiments et de l'impression d'abandon qu'elle a ressentie quand je l'ai laissée pour à nouveau partir à la recherche d'Electra. Une femme et une chienne, deux résilientes, meurtries par la vie et, pourtant, toutes deux avec un profond désir de vie et d'amour.

Je ne compare pas l'une à l'autre, mais je suis persuadé que l'abandon, le manque de nourriture affective, pour quelque être vivant qu'il soit, est invalidant à sa construction psychologique. Nous échangeons et nous discutons tard dans la nuit. Quelques semaines après, nous prenons la décision de partir en Thaïlande prendre du temps ensemble.

Je me tords de douleur une partie du séjour et, à mon retour, les examens montrent la présence de plusieurs ulcères. Encore une fois, mon corps manifeste son profond désarroi. Mais quelque chose s'est définitivement brisé entre nous et, quelques semaines plus tard, Sarah prend définitivement ses distances.

*

Entre-temps, je déménage à nouveau, dans un quartier entre la place de la Bastille et le marché d'Aligre. Un rez-de-chaussée dans une cour arborée, un rêve pour Electra qui aime se cacher au centre du terre-plein sous les plantes. Elle y trouve un peu de fraîcheur les semaines de grosses chaleurs. La maison de campagne familiale près de Giverny où nous avions l'habitude de nous échapper les week-ends a été vendue. C'est un coup dur, je me sens prisonnier d'une ville dans laquelle je peux de moins en moins respirer.

Electra, quant à elle, ne trouve pas le même plaisir à se promener dans les parcs que dans cette campagne normande où chaque arbre ou fourré dévoile des odeurs et des promesses de rencontres propices à la traque. Nous tournons en rond comme deux lions en cage dans mon appartement. Heureusement, deux fois par semaine, une organisation de balades pour chiens vient la chercher en van et l'emmène avec une dizaine d'autres chiens au bois de Vincennes. De temps à autre, ils m'envoient des photos et je la vois en pleine course se défouler avec ses camarades de jeu. Il m'arrive de croiser les promeneurs qui me détaillent leurs promenades et les différents comportements qu'elle a avec les autres chiens. Plus d'une fois, elle s'est interposée lors de bagarres. Très vite, elle est devenue l'élément pacificateur de la meute. Cela ne m'étonne plus, Olivier, le dresseur, l'avait bien repéré.

L'été approche et, cette année, je décide de prendre une longue pause. Mes douleurs au dos continuent de m'épuiser, et mon corps me lâche de plus en plus souvent. Il faut que je prenne soin de moi. J'anticipe une longue séparation, cela fait maintenant quatre ans que nous sommes collés l'un à l'autre avec seulement de courtes interruptions. Jusqu'ici je trouvais des solutions temporaires, des amis, ma tante, mais pour un mois, c'est beaucoup plus compliqué. C'est lors d'un week-end en Bourgogne chez un couple d'amis que la solution miraculeuse se présente. Propriétaires tous deux d'un adorable labrador noir qu'ils laissent dans leur propriété lors de leurs déplacements, ils me proposent de garder Electra en pension chez eux. Pour m'assurer que ma protégée se sente en sécurité et que ses peurs d'abandon ne refassent pas surface, j'y reste quelques jours durant lesquels j'organise de faux départs. Je l'installe avec son nouveau copain dans son panier à côté du sien, je lui parle, je la rassure et je quitte le domaine. Je m'en éloigne de quelques kilomètres jusqu'au village voisin et reviens une heure plus tard. Tout se passe bien. Je répète l'opération plusieurs fois avant de quitter la Bourgogne le cœur serré. Dans quelques jours, je prends un avion vers l'Indonésie pour Bali où je rejoins ma professeure de yoga Thérèse. Elle m'a demandé de l'y rejoindre pour entreprendre une partie importante de ma guérison qui va consister à baisser graduellement la dose d'antalgiques et autres médicaments qui m'empoisonnent le corps depuis plusieurs années et à me diriger vers une médecine holistique. Une vraie purge naturelle. Une détox.

C'est une étape importante, et je sais qu'elle ne sera pas sans souffrances. Mais l'enjeu est de taille, je ne peux continuer à ingurgiter de hautes doses d'antalgiques sans en payer de lourdes conséquences. Il est temps de faire ce nouveau saut vers l'inconnu pour sortir autant que possible de cette camisole chimique.

Deux jours avant le départ, alors que je sors de mon cours de yoga thérapeutique du centre Iyengar de Paris, je réponds au téléphone sans faire attention au numéro qui s'affiche. Une voix rauque à peine perceptible me demande si je suis le propriétaire d'une chienne qui s'appelle Electra. En un éclair, je saisis ce qui se passe. L'homme m'explique qu'il l'a trouvée dans un champ, couverte de boue et inanimée. Ils ont réussi à la faire boire et à la ramener dans leur ferme. Je lui demande son adresse, et l'homme me donne les coordonnées de son village. Quand je lui demande à combien de kilomètres il se trouve de celui de mes amis, il me répond d'un ton bourru qu'il en est à une vingtaine de kilomètres. J'en frémis. Je lui promets une récompense en lui demandant de bien prendre soin d'elle et je raccroche pour immédiatement appeler mes amis. La fugueuse s'est échappée le lendemain de mon départ. C'est en fin de journée qu'ils s'en sont aperçus et qu'ils se sont mis à sa recherche. Je regarde sur Google Maps où se situe le village des fermiers qui l'ont récupérée. Effectivement, il est à plus de vingt kilomètres de la demeure de mes amis, mais, fait encore plus incroyable, elle est partie en direction du nord, vers Paris ! Hasard ? Ou, une nouvelle fois, ne serait-ce pas tout simplement la théorie du scientifique Rupert Sheldrake qui se vérifie par le fait que les animaux sont capables de retrouver nos traces grâce à ces fameux champs morphiques ? Combien d'histoires existent relatant les incroyables trajets que font certains d'entre eux pour retrouver leur maître ?

Je suis convaincu que ma chienne s'est mise en quête de me retrouver et m'a pisté. Je n'ose pas imaginer son trajet à travers les champs et les routes départementales, sans oublier les risques qu'elle a encourus dans son obstination à quitter le domaine de mes amis en route vers sa maison.

Une autre pensée m'effleure, un détail auquel je n'ai pas prêté attention : jeune chienne, Electra a vécu quelques semaines avec deux hommes en couple qui l'ont lâchement abandonnée. Se peut-il qu'elle en soit encore traumatisée ? C'est possible, au même titre qu'elle a peur des hommes en uniforme ou portant des chapeaux ainsi que des hommes de couleur.

**Un scientifique canado-estonien, Endel Tulving, a ainsi émis la thèse d'une mémoire épisodique chez les animaux qui est le souvenir de ce qui s'est passé à un moment précis dans un lieu donné.**

Quelle sorte de conscience joue ici ? Les animaux voient-ils leur passé comme un élément de leur histoire personnelle ?

Je suis plongé dans mes pensées à regarder distraitement les paysages défiler dans le train qui file vers la Bourgogne quand l'un de mes amis m'appelle pour m'avertir que le paysan qui l'a trouvée l'a déposée chez eux. Elle est au repos. Aussitôt arrivé dans leur maison, je me précipite sur la survivante allongée sur une couverture et la couve de mes bras. Elle lâche un long soupir qui me signale qu'elle se sent enfin en sécurité. Pour ne pas annuler mon départ pour Bali, je trouve une solution de dernière minute. Le gardien d'une maison de famille dans le Var, propriétaire d'un jeune chien de race king-charles, accepte de garder la fugueuse le temps de mon voyage. C'est un lieu qu'elle connaît, un territoire où elle se sent en terrain conquis. N'ayant plus que vingt-quatre heures avant mon départ, je n'ai qu'une option, un aller-retour dans la journée en avion pour Toulon. Cela sera l'unique fois où je le ferai. À l'arrivée, Electra bondit hors de sa cage dans un état de panique totale. J'apprendrai que le bruit des avions au décollage, puis à l'atterrissage, est infernal et traumatisant pour les animaux placés en soute.

*

En à peine quelques mois, nous avons fait face à deux épreuves, deux séparations faites de tension et de peurs. Notre lien au fil des années n'a cessé de se renforcer et nous avons développé une communication qui nous dépasse, dont nous sommes d'ailleurs que rarement conscients. L'un comme l'autre, nous sommes prêts à beaucoup de sacrifices pour veiller sur nos vies respectives. Cette relation inter-espèces me fascine et me rassure à la fois.

**On ne peut ignorer plus longtemps cet attachement indéniable qui lie l'homme à l'animal qui dépasse toutes sortes d'expériences menées sur des plans purement cognitifs et comportementalistes sans en considérer l'autre aspect, celui de l'intuitif.**

Les souffrances physiques ou émotionnelles imposées depuis des siècles aux animaux sont une véritable aberration.

Elles desservent notre identité profonde d'êtres humains et nous montrent non seulement notre ignorance, mais la lenteur de l'évolution de nos consciences. Je ne sais pas comment des hommes et des femmes ont pu sciemment lobotomiser des singes ou des dauphins ou s'adonner à d'autres expériences monstrueuses. Comment ont-ils pu entendre leurs plaintes et leurs cris déchirants sans ressentir la moindre émotion, la moindre culpabilité ? Cela me dépasse et m'horrifie. La romancière Marguerite Yourcenar avait raison de dire que « *l'homme a peu de chances de cesser d'être tortionnaire pour l'homme, tant qu'il continuera à apprendre sur l'animal son métier de bourreau* ».

Pourtant, il me semble que depuis quelques années, avec l'arrivée en force des neurosciences, de la science quantique et de la formidable énergie de certains communicateurs inter-espèces, quelque chose bouge. Les portes s'ouvrent subtilement. Certains, encore accrochés à de très vieilles valeurs scientifiques qui les rassurent, ressentent pourtant que ce monde-là évolue et qu'il leur faut ouvrir leurs esprits faute d'être dépassés par une nouvelle génération. Pour Romain Brasseau, fondateur de The Animal Alliance Channel*, la génération Internet, connectée au monde par la technologie, est en train de passer le relais à une génération plus intuitive connectée au soi et au vivant, qui se met à explorer les états modifiés de conscience, les thérapies énergétiques, le chamanisme, la communication inter-espèces...

Cet ancien manager et commercial qui se dévoue à la cause des animaux depuis 2008 rajoute que :

---

* The Animal Alliance Channel crée des événements et projets mettant en lumière la participation des animaux à notre humanité. www.dialoguesaveclanimal.org.

**« Pour cette génération, un monde de plus en plus technologique peut devenir aussi un monde davantage humain. La NetGen est en train de donner naissance à l'Intuit'Gen.**

Ouvrant le champ à la communication inter-consciences, l'Intuit'Gen serait la nouvelle espèce en passe de protéger les autres espèces menacées, de nous faire franchir le seuil de l'évolution humaine et, peut-être, de faire advenir le véritable transhumanisme, une humanité augmentée et alliée avec l'ensemble du Vivant. »

Chapitre 7

# « GAMELLES PLEINES », LES CHIENS DES SANS-ABRI

Mon séjour à Bali m'a permis de retrouver une nouvelle énergie. Je ne pensais pas un jour vivre libéré des médicaments qui m'abrutissaient et me limitaient aussi bien physiquement que mentalement. C'est comme si un voile s'était levé et que je pouvais enfin envisager à nouveau une vie professionnelle. Je compare souvent ma désintoxication au film *Trainspotting** et, franchement, ce n'est pas loin de la réalité. Des années à être bombardé d'opiacés et de benzodiazépines ne peuvent qu'abrutir et transformer le patient en un véritable zombie. Même si cela atténue les douleurs physiques, l'accoutumance est un véritable danger et peut devenir une addiction sournoise. J'ai réduit mes antalgiques de trois quarts, et c'est une immense victoire. Je me remets à écrire des projets de films,

* Film britannique réalisé par Danny Boyle, sorti en 1996. Adapté du roman éponyme d'Irvine Welsh (1993), le film raconte les aventures de Mark Renton (Ewan McGregor à l'écran), un toxicomane d'Édimbourg, dans sa tentative de se sevrer de l'héroïne et de se séparer de sa bande d'amis qu'il juge néfastes.

dont un qui me tient particulièrement à cœur sur la pratique du yoga à travers le monde. Ce nouvel élan de vie ne passe pas inaperçu chez Electra. Elle aussi est plus joyeuse, et nous pouvons faire de plus longues promenades qui me donnent, avec la pratique quotidienne du yoga, la belle et courte illusion de mener une vie contemplative vouée au recueillement. J'aimerais un jour atteindre cet état de grâce que décrivait avoir vécu le sage Krishnamurti*, pouvoir marcher dans la nature sans qu'aucune pensée m'assaille. Cela me pousse également à me réapproprier mon corps centimètre par centimètre et à y investir tout ce nouveau flux d'énergie que je sens circuler dans mon corps, trop longtemps anesthésié. Je reprends confiance en moi, en la vie.

Un soir, en sortant d'un cours d'un centre de yoga non loin de République, je m'attarde sur la place. Divers attroupements se font autour de skate-boarders qui virevoltent sur leurs planches. Je m'en éloigne et me retrouve nez à nez avec des sans-abri qui attendent devant une camionnette. Ce qui me frappe, c'est qu'ils tiennent tous un chien en laisse.

Je me rapproche et je découvre qu'ils ne sont pas en train d'attendre une aide alimentaire, mais qu'autour d'eux une véritable petite armée de bénévoles en gilet fluorescent rose s'affaire pour apporter des soins aux chiens. J'aperçois le logo écrit en noir sur leurs gilets, « Gamelles Pleines », avec quelques traces de pattes de chien en surimpression. Intrigué, je m'approche d'un petit

* Jiddu Krishnamurti est un homme d'origine indienne promoteur d'une éducation alternative. Apparue au sein de la théosophie et de la contre-culture des années soixante, sa pensée exerça une influence notable sur des auteurs et des personnalités de différentes disciplines (source Wikipédia).

groupe de personnes qui s'est formé autour d'un jeune couple en larmes. Les bénévoles viennent de leur ramener leur chien disparu depuis plusieurs jours. Je suis ému. Je comprends leur désarroi et leur nouvelle joie. Je les accoste et partage en quelques mots ma mésaventure avec Electra. Nous faisons connaissance et rapidement, ils me dévoilent leurs parcours.

Tous deux sont accros à la drogue et se débrouillent pour s'en sortir en faisant de petits boulots. Mais à peine refont-ils surface qu'un coup dur les jette à nouveau dans la précarité. Le père du jeune homme les a mis dehors, et ils se retrouvèrent à habiter dans un van. Ce fut à nouveau la dérive. Pourtant, un coup du destin étonnant leur redonna goût à la vie, la rencontre avec deux chiens errants qu'ils adoptèrent. Ces chiens les motivèrent pour retrouver un équilibre. Ils évitèrent certaines fréquentations et se mirent à vouloir gagner de l'argent rien que pour les nourrir. « Les débuts étaient très difficiles », me confient-ils. Ils ramassaient leur nourriture dans les poubelles ou partageaient leurs sandwichs avec eux. Un jour d'hiver, un de leurs chiens se fit renverser par une voiture, ses pattes arrière furent brisées. C'est un compagnon d'infortune qui leur parla de l'association « Gamelles Pleines ». Ils arrivèrent avec le blessé, le soir même, il fut pris en charge gratuitement. Un mois plus tard, le rescapé leur fut rendu, aujourd'hui il boite, mais il a repris sa vie avec eux.

Un peu plus loin, un jeune homme est tranquillement assis sur un banc, son chien à ses pieds en train de manger une portion de croquettes. Je m'assieds à côté de lui. Son chien nous regarde. Nous échangeons un court moment et une nouvelle fois je mesure le formidable travail que fait cette association auprès des plus démunis et de leurs compagnons canins. C'est à nouveau le récit d'une lente chute économique et sociale. Le jeune homme était serveur dans différents restaurants. Il avait du mal à joindre les deux bouts et n'avait d'autre solution que d'habiter chez ses parents. Un soir, en rentrant après avoir fini son service, il repéra un chien errant dans le recoin d'un parking. Le chien était apeuré et amaigri. Il se prit d'affection pour l'animal et lui amena à manger tous les soirs sur le chemin du retour. Le lien entre les deux grandit au cours des semaines qui suivirent jusqu'au soir où le chien suivit son ami. Il l'accueillit au domicile familial, mais les parents de ce dernier n'acceptèrent pas ce nouvel invité. Au bout de quelques jours, malgré les supplications du fils qui se démenait pour trouver des solutions, ils furent mis dehors. Impossible pour lui désormais de travailler dans un restaurant, mais pas question d'abandonner celui qu'il a sauvé. Une vie d'errance débute. La frontière qui sépare une certaine forme de sécurité et celle de la précarité est bien fragile. Tout peut basculer du jour au lendemain.

Alors que je laisse le jeune homme et son compagnon, je me dirige vers les camionnettes de l'association pour rencontrer l'un des responsables. Un bénévole me dirige vers un jeune homme aux cheveux courts et au regard généreux qui m'accueille avec un large sourire. Ses yeux scintillent dans la pénombre, être au service des plus démunis et de leurs chiens le fait rayonner. Yohann Severe me serre la main, et nous allons nous asseoir quelques instants à la terrasse d'un café, non loin des camionnettes. La nuit tombe et les lampadaires de la place éclairent faiblement les visages des sans-abri. Une ambiance presque fantomatique flotte dans l'air alors que les ombres des chiens qui les accompagnent se détachent sur le sol autour de nous. D'un ton calme et posé, Yohann me raconte son histoire :

— Tout a commencé par la rencontre avec une jeune chienne labrador que j'ai recueillie à peine trois mois après le décès de ma mère. Elle est venue inconsciemment combler un vide, et la relation est très vite devenue fusionnelle. Un regard suffisait pour lui faire comprendre de traverser ou non la rue. Malheureusement, elle a eu un cancer, mais nous avons décidé, avec le vétérinaire qui la soignait, de nous battre pour l'en sortir. À partir de ce moment-là, j'ai véritablement « échangé » avec elle en lui communiquant mon désir de vivre à fond le temps qui nous était encore imparti. C'était une chienne extraordinaire, très joueuse et attentive, qui captait tout. J'ai donc décidé de la mettre en scène et de mettre mes mots d'humain sur nos vidéos. YouTube n'existait pas encore, nous étions des précurseurs ! me dit-il en rigolant. Puis le véritable tournant s'est fait un jour où mon frère, qui travaillait à la Croix-Rouge, m'a invité à une maraude alimentaire pour aider des sans-abri de la ville de Caen où j'habitais. Très vite, j'ai ressenti le lien fort qui existait entre eux et leurs chiens. J'ai également assisté à des bagarres violentes où ils défendaient un malheureux bout de sandwich pour leur compagnon. C'est à partir de ce moment-là que j'ai décidé de convaincre le président de l'association de leur apporter des gamelles et des croquettes afin d'apaiser les tensions. J'ai mis ma chienne Rosalie, qui avait désormais près de mille *followers*, à contribution en proposant de courts reportages où tous les deux nous menions les interviews. C'était une façon détournée de montrer la réalité des choses par le regard du chien. Le succès a été immédiat et, lorsque j'ai lancé une campagne d'aide pour obtenir des croquettes, nous en avons reçu plus d'une tonne. Nous sommes aussitôt allés les distribuer ensemble et là, j'ai découvert à quel point Rosalie apportait du réconfort aux plus isolés ou à ceux qui avaient perdu leur chien. J'ai été le témoin de scènes extrêmement émouvantes, où de jeunes sans-abri en cruel besoin d'affection en retrouvaient grâce au contact avec ma chienne. Un lien social se créait autour du chien et, en comprenant cela, j'ai tout de suite communiqué dessus. L'émission « 30 millions d'amis » est venue réaliser un reportage qui a généré à sa diffusion de nombreuses propositions d'aides. De là, l'idée m'est venue de faire plus que de juste apporter de la nourriture, mais d'introduire également des propositions de soins aux animaux trop souvent mal pris en charge, voire pas du tout. L'association « Gamelles Pleines » est née, le symbole étant celui de la confiance qui se crée autour d'une simple gamelle...

Je reste un instant sans voix. En quelques heures, je viens d'entrer de plain-pied dans un univers qui m'était inconnu, mais qui pourtant existe sous mes yeux au quotidien. Mais je ne suis qu'au début de mes surprises, car Yohann me propose de le suivre dans une de leurs maraudes qu'il s'apprête à faire entre République et Bastille. Nous retournons sur la place, et quelques bénévoles se regroupent en une sorte de commando armé de gamelles et de croquettes. Quelques minutes plus tard, nous remontons le boulevard Voltaire, chacun des membres du groupe, le sourire aux lèvres, me racontant son histoire avec son animal. Certains ont adopté, d'autres ont même fait partie d'opérations de sauvetage d'animaux de laboratoires voués à d'ignobles expériences et en ont récupéré certains. Les histoires sont cruelles et empreintes d'amour à la fois. Sur le milieu du boulevard, j'aperçois une camionnette qui sert des repas à des sans-abri. Je suis passé des dizaines de fois par là sans jamais prendre le temps de le remarquer. Prisonnier de mes pensées et de mes préoccupations, centré sur moi, je n'ai pas regardé, juste regardé, ces hommes et ces femmes si démunis. Alors que notre groupe dépasse le petit rassemblement, j'en aperçois quelques-uns penchés sur leur maigre pitance, qui mangent en silence. Cela me serre le cœur.

Nous arrivons place de la Bastille à une centaine de mètres de chez moi. Sous la structure moderne de l'Opéra, des escaliers descendent vers l'embouchure du métro. Dans un recoin, un rassemblement de sans-abri s'est formé, collés les uns aux autres, accompagnés de leurs chiens. Alors que nous les approchons et que quelques-uns des bénévoles déballent gamelles et croquettes, je suis interpellé par leur allure. Ils ont une vingtaine d'années maximum. Certains sont tatoués, d'autres arborent fièrement leurs piercings et tiennent des canettes de bière en main. La plupart semblent déjà bien éméchés, et une certaine tension est palpable. Je remarque que les chiens sont aux aguets, collés à leurs maîtres, prêts à les défendre en cas de bagarre. Ça ne manque pas, deux d'entre eux commencent à s'injurier. Ils semblent chercher à impressionner une jeune femme allongée sur un sac de couchage non loin d'eux, qui les regarde d'un air hagard. Elle caresse un chien à ses pieds, une sorte de croisement de malinois et de berger allemand. Un des hommes s'approche d'elle, le chien grogne. C'est Yohann qui intervient une gamelle pleine de croquettes à la main. L'animal s'apaise et se met à manger. La jeune femme se lève en titubant et s'éloigne des deux hommes. Elle longe un mur criblé de graffitis et s'engouffre dans la bouche de métro. Intrigué, je la suis. Un autre attroupement d'une dizaine de sans-abri est là, tous accroupis et adossés aux murs. Les passagers zigzaguent entre eux pour sortir du métro, évitant soigneusement de croiser leurs regards. C'est surréel. D'autres bénévoles arrivent et s'installent à leurs côtés et tendent des gamelles aux chiens.

Des conversations s'engagent et alors que les liens se créent, j'en aperçois certains se mettre à rire. Je sens les tensions entre les chiens se détendre immédiatement. Ils se couchent, se mettent à bâiller ou s'ébrouent, ce qui constitue leurs principaux signes d'apaisement. Nous restons encore quelques moments parmi eux, je reste en retrait et continue d'observer. Un véritable monde parallèle existe en marge de notre société, avec ses propres règles et ses propres fonctionnements. Qu'ils soient rejetés volontaires ou involontaires, il reste que Yohann et son association leur permettent de vivre et d'exister avec plus de dignité. J'ai souvent entendu dire que certains utilisaient leurs animaux pour susciter de la compassion et obtenir quelques euros plus facilement. Des histoires parlent même de jeunes chiens ou chats drogués afin d'accentuer leur air famélique. Je suis persuadé que cela existe, mais pas ici, pas ce soir, pas avec ceux et celles que je côtoie ces quelques heures. Notre petite troupe repart le cœur léger, le sentiment juste d'avoir aidé, d'avoir fait du bien.

Nous retournons place de la République, le temps pour les camionnettes de l'association de plier bagage et de donner rendez-vous aux sans-abri et à leurs chiens dans quelques jours. J'ai besoin d'en savoir plus et je propose à Yohann d'aller manger une pizza non loin.

Alors que nous passons notre commande, je relate à Yohann les expériences menées par un psychologue américain spécialisé dans le comportement canin. Le docteur Clive Wynne a remarqué que dès lors que des chiots passent au moins quatre-vingt-dix minutes par jour pendant une semaine avec un humain et cela, avant qu'ils aient quatorze semaines, ils se sociabilisent à vie avec lui. Sans ces contacts, ils pourraient rester à l'état sauvage. Le docteur Wynne a fini par conclure que :

***« Les chiens ont un désir quasi anormal de créer un lien émotionnel avec tout ce qui croise leur chemin et ils maintiennent cette attitude toute leur vie*. »***

Une autre étude du neuro-économiste Gregory Berns qui enseigne à l'université Emory à Atlanta a démontré, en utilisant des machines à résonance magnétique, que la partie du cerveau qui se réveille au son de la voix de son maître chez le chien est la même que chez l'humain quand il affectionne particulièrement quelque chose ou quelqu'un. En poussant ses études plus loin, il a également pu prouver que certains chiens préféreront l'affection de leur humain à leur gamelle de nourriture. Cela fait sourire Yohann et ne l'étonne qu'à moitié.

— Cela me fait penser à une belle histoire, tragique, mais qui démontre bien la force du lien entre le chien et l'humain. Virginie, une jeune femme dépressive à tendance suicidaire, décide de mettre fin à ses jours. Sur le chemin qui la mène au pont où elle a prévu de se jeter, elle croise une connaissance qui la supplie de venir l'aider à sauver un chien en danger. Elle décide de repousser de quelques minutes son plan morbide et de porter secours au chien qui est en train d'être battu à mort. C'est ainsi qu'elle sauve Malibu du massacre... Et va se sauver elle-même.

Je me sens en confiance avec Yohann, je lui confie l'épisode que j'ai vécu concernant mon envie d'en finir avec un cocktail d'alcool et de médicaments et l'incroyable intervention d'Electra.

---

* Clive D. L. Wynne, *Dog is Love: Why and How Your Dog Loves You*, éditions Houghton Mifflin Harcourt, 2019.

— Alors, tu vas encore mieux comprendre ce qui suit. En prenant soin de son compagnon, elle commence à vouloir se sevrer de l'alcool et de la drogue qui la détruisent depuis des années. Malibu devient son enfant, elle prend soin de lui et y tient comme à la prunelle de ses yeux. Pourtant, l'addiction est plus puissante que cet amour.

— Je le sais bien, hélas… je ne peux m'empêcher de laisser échapper. Cela ne peut sauver un dépendant à l'alcool ou à la drogue de se détruire et ceux qui l'aiment d'en souffrir terriblement.

— Un soir, elle fait une overdose, me dit Yohann, imperturbable dans sa narration. Tous ses compagnons de consommation l'abandonnent et la laissent agoniser à même le sol. Malibu se met alors à hurler à la mort jusqu'à ce que les voisins, pourtant habitués aux tapages nocturnes, décident de se rendre dans l'appartement. Heureusement, la porte est restée ouverte, et ils trouvent Virginie inanimée allongée sur le parquet. Ils appellent les secours et elle sera sauvée *in extremis*. Après cet accident, son chien sera plus que jamais sa seule raison d'être.

Je devine la suite. Même si Electra est encore en bonne santé, je ne peux imaginer ma vie sans elle. Les rares fois où j'ai failli la perdre, un profond déchirement a traversé tout mon être. Depuis, je compatis de tout mon cœur avec tous ceux qui vivent douloureusement le deuil de leur animal.

— Les années passèrent et le chien, malgré son incroyable volonté de rester auprès de sa maîtresse le plus longtemps possible, montra des signes de plus en plus évidents qu'il touchait à la fin de sa vie, continue Yohann. On ne connaît que trop bien, à l'association, ce type de schéma, car derrière la mort du chien, c'est à nouveau le naufrage social garanti. Lors de différentes maraudes, nous croisons souvent Virginie en train de traîner ou même de porter son chien. J'arrive néanmoins à la convaincre que le jour où cela ne sera plus tenable, elle pourra se rendre dans une clinique vétérinaire avec laquelle nous travaillons pour faire ce qu'il faut. Tout était prêt lorsqu'elle a pris la décision. On l'a tout de suite soutenue pour éviter le pire, mais rien n'y a fait, nous l'avons perdue de vue.

— Elle est morte ? je ne peux m'empêcher de lui demander maladroitement.

— Non ! Je l'ai retrouvée un an plus tard assise à mendier dans un parc. Tout de suite, elle me raconta ce qui s'est passé. Elle a voulu rejoindre son chien dans la mort. Elle a donc décidé de se rendre sous l'arbre où les cendres de Malibu étaient enterrées. Elle avait gardé sa laisse en souvenir, elle l'a attachée à une grosse branche, l'a glissée autour de son cou et s'est jetée dans le vide. La branche a cassé net.

Un silence s'installe entre nous. Songeur, je me rappelle une phrase de l'écrivain François Weyergans qui souligne « *qu'il est très difficile, et même impossible, d'évaluer le risque suicidaire. La personne qui va se suicider est face à l'absence soudaine d'une alternative autre que le suicide. C'est le seul choix. C'est-à-dire qu'il n'y a plus de choix. Il serait plus facile de mourir que de continuer à vivre*[*] *?* »

Yohann me tire de mes pensées en riant un peu trop fort, comme pour atténuer l'aspect tragique de l'histoire de Virginie qu'il continue de me narrer, car elle ne s'arrête pas là.

— Tu te rends compte ? Elle s'est retrouvée les quatre fers en l'air pile à l'endroit où elle avait enterré les cendres de son chien !

---

* François Weyergans, *Royal Romance*, éditions Julliard, 2012.

Je lui ai dit qu'il avait sûrement dû veiller sur elle de là-haut et avait voulu la sauver une deuxième fois. En tout cas, ça l'a fait réfléchir et elle m'a proposé de rejoindre l'association. Cela tombait bien, car j'avais un chien à mettre en garde quelques semaines, le temps pour son propriétaire de sortir de l'hôpital. Très vite, elle a pris son rôle de bénévole au sérieux et a retrouvé goût à la vie. Quelques mois plus tard, elle a eu envie de reprendre un chien. Le nouveau avait un nom singulier, Blanton, qui est en fait une marque de whisky.

— Dis-moi comment ton chien s'appelle, et je te dirai qui tu es, je rajoute.

— Oui, cela peut paraître étrange, mais c'est souvent le cas. Malgré tout, elle cherchait quand même à remplacer Malibu, mais le chien a su s'affirmer et elle a pu créer une nouvelle vie avec lui. Nous avons remarqué que ces animaux ont un rôle très fort avec les filles de la rue, protecteur, mais aussi quasi paternel.

— Tu dois avoir beaucoup d'anecdotes de ce style ?

— Oui, mais celle qui me touche le plus après ces dix dernières années de bénévolat est celle d'Adèle. Quand je l'ai rencontrée, elle vivait dans un squat avec son copain et, honnêtement, j'ai rarement vu quelqu'un d'aussi abîmé par la vie. Elle se faisait taper dessus à longueur de journée et elle était accro aux drogues dures. La pauvre était complètement bousillée, et ses seuls repères étaient ses deux chiens. Un soir, elle m'a appelé en catastrophe, me demandant de venir les sauver, car la police venait de tirer sur eux. Il y avait eu une bagarre très violente dans le squat, et les forces de l'ordre avaient dû intervenir. J'y suis allé aussi vite que j'ai pu et, en arrivant sur les lieux, j'ai compris le drame qui venait de se dérouler. Dans la pénombre et le chaos, un homme bien amoché par les drogues s'était avancé vers les policiers avec deux chiens tenus en laisse prêts à attaquer. Dans la peur et la panique, les policiers ont ouvert le feu. Apache, l'un des chiens d'Adèle avait reçu deux balles, l'une à la patte, l'autre à la tête. On l'a récupéré et amené en urgence à une clinique vétérinaire qui l'a sauvé. Mais il lui a fallu beaucoup de temps pour se remettre, ce qui nous a permis, le temps de sa convalescence, de trouver un logement social pour Adèle. Elle a eu le courage de prendre la décision de se sevrer de l'alcool et de la drogue et même de passer son permis de conduire. Son rêve était de trouver une camionnette et de partir vivre dans la montagne avec ses animaux. Elle a obtenu son permis et aujourd'hui, quand on la croise dans Caen, personne ne pourrait imaginer à quel point elle était fracassée par la vie. Elle s'est vraiment reconstruite grâce à ses chiens, retrouvant même un emploi auprès de personnes âgées. Mais surtout, elle va enfin réaliser son rêve et partir bientôt s'installer à la montagne avec ses chiens.

— De toutes ces formidables histoires de résilience et d'amour, qu'est-ce que tu en retiens ?

— Avec le chien, il y a une vraie magie qui s'opère entre l'être humain et l'animal. On dit qu'il y a toujours un chien exceptionnel dans la vie de quelqu'un et qu'il métamorphose la vie de celui-ci.

J'acquiesce en silence, car c'est bien une chose que je commence à saisir. Sur beaucoup de plans de ma vie, je vois ce qu'Electra m'apporte au quotidien.

— Les chiens ont une empathie naturelle pour l'homme et ils embellissent sa vie, même lorsqu'elle est très sombre, continue Yohann. On a vu des gens qui vivent dans des conditions bouleversantes, mais ils nous disent qu'ils tiennent le coup grâce à leurs chiens. C'est inexplicable, cette magie existe et chaque fois que je rentre d'une maraude, je ne me l'explique toujours pas, mais elle est présente, éclatante de vie et d'espoir.

— Dans notre maraude de ce soir, j'ai réellement ressenti à quel point les chiens endossent leur rôle protecteur d'une manière très naturelle auprès des sans-abri.

— Oui, ils viennent combler les failles que l'on a. Le maître, quant à lui, laisse également une place au chien, et ce dernier se positionne. L'animal se laisse guider pour nous guider ensuite. C'est ce qui rend cette relation si merveilleuse, et c'est ce qui me motive de continuer à les aider.

— Tu as une vision sur l'avenir de notre société concernant la manière dont nous traitons les animaux ? je lui demande, reprenant l'un de mes thèmes préférés depuis mon passage au parc de Thoiry.

— J'ai fait un constat qui reste très personnel. Je trouve que l'animal est plus respecté dans les milieux pauvres. Plus les gens ont de l'argent ou du pouvoir, plus ils tendent à les négliger. C'est même parfois malgré eux, comme le « chien canapé » qui n'a jamais les pattes qui touchent terre tellement il est couvé. Je préfère nettement voir un chien dans une ferme, les pieds dans la boue. Plus je côtoie des gens dans la précarité, plus je me dis que l'amour y est plus présent. Qu'elle soit sociale, économique ou même relationnelle, elle peut exister sous des tas de formes différentes, mais on n'est pas en précarité d'amour avec le chien, car il est là pour nous le rappeler.

Yohann semble épuisé. Il est près de deux heures du matin et il est temps de nous séparer. Je le remercie et lui promets de revenir les voir sur le terrain. Je remonte à nouveau le boulevard Beaumarchais en direction de mon immeuble. Je traîne péniblement la jambe droite, cela a été une longue soirée pour moi aussi.

Porté par les rencontres, l'énergie de Yohann et des bénévoles, je n'ai pas vu les heures défiler. En dépassant l'Opéra Bastille et en m'engouffrant dans la rue de Charenton qui le longe, j'aperçois de loin encore quelques sans-abri et leurs chiens assis à même le sol. Un profond sentiment de gratitude m'envahit lorsque je m'écroule sur mon lit dans le confort de mon appartement. J'entends dans la pièce à côté un long soupir, Electra a attendu mon retour pour s'endormir à son tour.

Chapitre 8

# UNE MALADIE INFECTIEUSE TRANSMISE PAR MA CHIENNE

C'est à partir des expressions de notre visage et des intonations de notre voix qu'un chien peut connaître notre humeur parce que notre état d'esprit déborde bien au-delà de notre expression verbale.

Joie ou tristesse, peur ou colère : rien n'échappe à notre ami à quatre pattes. Cette capacité n'était jusqu'à présent attribuée qu'à l'homme. Mais selon une nouvelle étude publiée dans la revue *Biology Letters* de la Royal Society britannique, les chiens sont capables de comprendre les émotions humaines. On sait que les animaux peuvent interpréter les émotions de leurs semblables et deviner ainsi leurs intentions, mais seulement au sein d'une même espèce. Pour capter les émotions chez une autre espèce, le cerveau doit être capable de faire une représentation mentale des images et des sons, de les évaluer, de les comparer, de les associer et de les combiner.

Pour les besoins de cette étude, des chercheurs de l'université de Lincoln, au Royaume-Uni et de l'université de São Paulo, au Brésil ont ainsi placé dix-sept chiens devant des images de visages exprimant la joie ou la colère, associées à la voix d'une personne heureuse ou énervée. Des représentations de visages joyeux étaient successivement associées à une voix enjouée et à une voix en colère. Même chose avec les images de visages de personnes visiblement énervées. Ils ont alors constaté que les chiens étaient beaucoup plus attentifs si les expressions faciales correspondaient à la « bonne » voix, laissant supposer qu'ils étaient capables d'analyser le lien entre ces deux sens et de définir si l'information était cohérente. Kun Guo de l'université de Lincoln l'explique : « *Notre étude montre que les chiens ont la capacité d'intégrer deux sources d'informations sensorielles différentes et d'aboutir à une perception cohérente des émotions humaines [...]. Cette capacité cognitive n'avait, jusqu'à présent, été mise en évidence que chez l'homme.* »

Après avoir lu cette étude dans un magazine spécialisé, je ne doute plus du lien indéfectible que je vis avec ma chienne. Mes opérations du dos ont toujours des séquelles lourdes, cinq années plus tard, mais j'ai appris à gérer les crises de douleur, à baisser les antalgiques et surtout à trouver dans la pratique du yoga des outils pour y faire face. De plus, rester vigilant sur mon abstinence de l'alcool et avoir pu traverser ces années sans rechute est un miracle qui m'étonne chaque jour et me donne une nouvelle confiance. Est-il possible qu'une énergie protectrice plane autour de moi ? Certains jours, j'en ai sérieusement l'impression, et que certaines personnes peu enclines à reconnaître la possibilité d'une telle présence se moquent gentiment de moi me laisse totalement indifférent. J'ai aujourd'hui dépassé ce besoin de « plaire » ou d'être influencé par les avis des autres. Ma puissance supérieure, comme je l'appelle, jalonne ma route d'épreuves à surmonter et de cadeaux tout à fait inattendus.

L'un d'entre eux est une rencontre avec Élise, une jeune femme qui pratique comme moi au centre de yoga Iyengar de Paris, où je continue religieusement de me rendre tous les mardis. Elle m'aide à trouver les fonds pour réaliser mon film sur le yoga. Je tiens à tenir la promesse donnée à ma professeure lors de notre dernier stage. J'ai commencé à faire mon enquête et à rencontrer différents intervenants. Ce qui compte, ce n'est pas leur nombre de *followers* sur Instagram ou leurs performances physiques dans la pratique, mais le rôle de passeur qu'ils ont endossé avec le yoga. Transmettre les valeurs et les fondamentaux à toutes les classes sociales, à tous les âges, à toutes les conditions physiques et races confondues. Voilà ceux qui en défendent et en incarnent le mieux les valeurs.

Mes tournages m'amènent à faire des rencontres inouïes, de la côte ouest des États-Unis au Kenya. C'est dans ce pays d'Afrique que je rencontre les Massaïs, sans doute l'un des peuples qui respectent le plus notre planète et tous ses habitants. En Amboseli, je fais la connaissance de Julius qui, après avoir croisé une jeune Américaine, Paige Elenson, fondatrice du Africa Yoga Project*, a décidé d'enseigner le yoga à sa tribu. De voir leurs silhouettes élancées se détacher devant le mont Kilimandjaro lors d'une salutation au soleil est un spectacle d'une rare intensité. Les quelques jours que je passe avec eux me permettent d'appréhender leur spiritualité et d'y puiser un nouvel optimisme.

Un soir, assis en cercle autour du feu, Julius m'explique que la clef de ce qui nous relie est la joie. Qu'en Occident, nous avons déséquilibré le cosmos en ignorant la source de tout, l'amour.

---

* Africa Yoga Project est une association kenyane qui forme des filles et des garçons à enseigner le yoga comme une voie d'accès à l'éducation, à l'autonomisation et à l'emploi.

C'est pourquoi nous avons détruit l'écosystème qui nous donne la vie en manipulant l'eau et la nourriture et beaucoup d'autres choses qui ne peuvent que nous laisser complètement désorientés. Il me dit cela sur un ton d'une telle bienveillance que j'ai l'impression de n'être qu'un jeune enfant insouciant. Leur philosophie de vie est empreinte de cette douceur enveloppante, si surprenante pour ces guerriers, « mais pacifiques », me souligne Julius. Quand je l'interroge sur leur quotidien, coincés qu'ils sont dans cette réserve avec des restrictions de plus en sévères pour se déplacer et élever leurs troupeaux, il me sourit et me répond que pour eux chaque épreuve participe à découvrir leur mission de vie. Je trouve cela tellement vrai. J'ai trop tendance à considérer une difficulté comme forcément négative, je ferais mieux de me rapprocher de cette vision.

— Nous avons tous une place, insiste Julius, nous avons tous une destinée unique, il n'est pas question d'essayer de ressembler à quelqu'un d'autre.

— La place est prise ! je m'exclame en pensant à la citation d'Oscar Wilde.

Julius rit de bon cœur avec moi. Selon les Massaïs, on n'imite pas un modèle, on est le modèle. C'est tout. Julius et les siens ont une spiritualité qui agit écologiquement. La sécheresse et le stress font partie de leur vie, mais ils s'invitent à trouver leur point central pour maintenir l'équilibre. Cela les renforce.

Il me demande ce qui me touche le plus dans ma vie aujourd'hui. Timidement, je lui parle d'Electra. Il rit et me dit qu'il a un cadeau pour elle, puisqu'elle doit être dans ma vie pour une raison, il veut symboliser ce lien qui apparemment me lie au monde du vivant et à celui de la nature. Il sort d'un sac un collier orné de petites perles de couleur serties les unes aux autres.

« Un collier de femme, pour servir de collier pour ta chienne ! » me dit-il. Je ris et le remercie.

**En Occident, nous ne comprenons pas à quel point l'extérieur ne fait que refléter l'intérieur. J'ai appris toute mon enfance à ne surtout pas me plaindre, à être fort et surtout à ne pas pleurer. Le résultat est simple. J'ai accumulé des fardeaux, puis affiché des masques jusqu'au point de rupture.**

Nous avons une belle leçon à retenir des peuples premiers qui sont restés connectés à toutes ces valeurs de respect et d'altérité. Ce sont eux qui représentent nos meilleurs espoirs de comprendre et d'agir sur le dérèglement climatique.

Je quitte à regret l'Amboseli et repars vers la France. Dans le quatre-quatre qui traverse la savane, j'admire une dernière fois les éléphants qui avancent nonchalamment à la queue leu leu, les girafes qui semblent se mouvoir au ralenti et quelques zèbres en plein galop. Que ce soit dans les réserves de Thoiry ou d'Afrique, des hommes et des femmes tentent de préserver ce qui semble voué à disparaître. Écouter les peuples premiers serait sans doute notre meilleur espoir, car ils nous apprennent à ne pas transmettre notre chaos intérieur vers le dehors, car, pour eux, c'est de là que vient la destruction massive de la nature. Alors que je suis installé dans l'avion qui me ramène à Paris, j'admire de mon hublot les vastes plaines où vécurent Karen Blixen et son amant Finch magistralement interprétés par Meryl Streep et Robert Redford dans le film de Sydney Pollack *Out of Africa*. Je repense à ce que j'ai vu gravé sur la tombe de Finch : « *He prayeth well who loveth well both man and bird and beast*[*] », une ode à la vie, à l'amour des hommes et des animaux.

---

* Poème de Samuel Taylor Coleridge (1772-1834) : *La Complainte du vieux marin.*

*« Adieu, adieu ! Mais ce que je dis*
*À toi, invité de mariage !*

***Il prie bien, celui qui aime bien***
***L'homme, l'oiseau et la bête.***

*Il prie le mieux, celui qui aime le mieux*
*Toutes choses à la fois grandes et petites :*
*Pour le cher Dieu qui nous aime,*
*Il a tout fait et il aime tout. »*

*

Quand j'atterris le lendemain matin, mon syndrome d'adolescent « Daktari » est encore présent. J'ai du mal à réintégrer ce paysage urbain sans saveur. Il est temps de récupérer ma bête sauvage. Un ami qui vit près de Montargis à une centaine de kilomètres au sud de Paris m'a gentiment proposé d'accueillir Electra lors de mes voyages. Il a plusieurs chiens qui forment une joyeuse tribu qui, au fil des semaines, a adopté la nouvelle venue. Il y a le beagle Flèche, le labrador Alphonse, Pamela la braque hongroise et Paulo, le bâtard. D'abord prudente avec la femelle de la meute, ma chienne a su s'adapter aux règles et aux codes existant entre eux. Le bon gros labrador a très vite pris la nouvelle sous son aile et la couve de regards langoureux.

Le moment culminant de leurs journées est quand mon ami Gilles enfile ses chaussures de running et embarque la troupe vers le bois le plus proche. On dirait un départ de chasse à courre. Flèche le beagle vocalise plus haut que les autres, Paulo le plus voyou de tous, la terreur des poulaillers, fait des ronds d'impatience, Pamela l'altière se positionne en tête de meute, quant à

Alphonse et Electra, ils se glissent au milieu profitant de l'énergie de la troupe pour participer à cette joyeuse virée. Au moment où la grille donnant sur la forêt s'ouvre et que mon ami s'élance, suivi par les cinq chiens en furie, c'est un concert d'aboiements qui résonne à travers les bois. Beaucoup de biches, de daims et de sangliers traversent ces terres, et c'est un véritable festin d'odeurs qui réveillent l'instinct de chasseur en puissance qui sommeille en chacun d'entre eux.

Quand j'arrive à Solterre où vit mon ami, il revient juste de sa course dans les bois avec la meute. J'aperçois Electra, la langue pendante, se traîner jusqu'à la maison. Je reste devant à l'attendre. Elle s'approche, me décoche un regard en biais et va se coucher à quelques mètres de moi près du labrador Alphonse. Elle m'ignore ! Je l'appelle. Elle tourne la tête de l'autre côté pour bien me signifier son dédain. Cela va durer une journée entière. Ce n'est qu'à la nuit tombée que je l'entends gratter à ma porte-fenêtre. Elle a boudé toute la journée avant de venir se poser au pied de mon lit. Le message est passé. Les longues séparations ne lui plaisent pas.

Pour de plus courtes durées, je la laisse à une nouvelle dog-sitter qu'Electra a très vite adoptée. Christel vit à quelques kilomètres de Paris, à Orgeval, non loin de la maison de Françoise qui l'avait recueillie il y a quelques années. En ce jour d'octobre, je récupère ma chienne qui, à peine arrivée à la maison, commence à se gratter frénétiquement. Je redoute toujours l'arrivée de petites bêtes qui pourraient se cacher dans son pelage. Je lui applique donc tous les trois mois quelques gouttes des pipettes antipuces et tiques. Je suis rassuré. Le lendemain, après avoir quitté l'appartement en hâte, je m'aperçois avoir oublié un dossier important et y retourne quelques minutes plus tard. Dans le salon, pas de chien. Bizarre. Je regarde à gauche, à droite, scrutant les recoins avant d'apercevoir une tête passer par l'entrebâillement de la porte de ma chambre. Territoire strictement interdit pour elle quand je suis absent. D'où son air de coupable, prise en flagrant délit, tête basse et regard plongeant. Je me retiens de rire. L'endroit préféré de nos amis quand nous sommes absents est notre lit. C'est douillet, confortable et empreint de notre odeur. Et finalement, ils doivent sûrement se dire, après tout, pourquoi pas moi ? Je l'attrape par le collier et l'installe à nouveau sur son coussin. Je referme la porte de ma chambre et quitte les lieux.

Le cauchemar va commencer la nuit suivante.

D'abord, ce sont quelques légères démangeaisons au milieu de la nuit. Au réveil, c'est dix fois pire. Je me gratte presque jusqu'au sang les deux jambes. Je soulève les draps de mon lit que j'inspecte centimètre par centimètre. J'ai une idée de ce que je cherche et sur les draps blancs je ne suis pas surpris de remarquer une minuscule tache noire se déplacer lentement. Je continue mon inspection pour en découvrir d'autres. Plus aucun doute n'est permis, ma chienne est revenue de sa pension avec des puces. La guerre est déclarée. Tout doit y passer. Draps, couvertures, oreillers, habits, serviettes, canapé, parquet. Je mets des bombes antiacariennes à retardement et quitte l'appartement toute la journée. Je passe chez le vétérinaire qui me confirme qu'Electra en est infestée. Je fulmine contre Christel qui m'a toujours assuré qu'il n'y avait aucun problème de ce côté-là, que tous ses pensionnaires passaient par un contrôle rigoureux. Tu parles ! La journée, cela devient intenable, j'ai envie de m'arracher la peau. Je passe à la pharmacie et en ressors armé de Bétadine rouge, de crèmes antiseptiques et de soufre en poudre pour le bain. Après tous ces traitements, le soir, les démangeaisons se calment, pour reprendre de plus belle au petit matin. C'est un enfer. Je fais intervenir une entreprise qui nettoie l'appartement de fond en comble. J'habite quelques jours ailleurs. De retour, je prie pour passer une nuit paisible. Rien à faire, à nouveau, ce sont des litres de Bétadine qui coule sur mon corps pour m'apaiser et trouver quelques heures de sommeil. Très vite, ce sont des insomnies récurrentes qui s'installent et je deviens paranoïaque du moindre contact avec Electra. Pour elle, c'est nouveau, elle ne comprend pas. Je me lève du canapé si elle vient s'y installer et j'en arrive à mettre des gants pour lui mettre la laisse autour du cou.

C'est un après-midi où je la promène au parc de Saint-Cloud que le coup de grâce me tombe dessus. Alors que nous revenons vers la voiture, je suis exténué et mes jambes se mettent à trembler pour finalement se dérober sous moi. Je m'écroule à terre. Electra ne comprend pas et approche sa gueule de mon visage pour me lécher. J'attends un peu et me relève péniblement. J'ai des vertiges et un mal de crâne épouvantable. Je me traîne jusqu'à la voiture et je rentre en conduisant au ralenti. Je dors le reste de la journée. Le lendemain, les mêmes symptômes reviennent. Mon médecin généraliste me reçoit en urgence. Les tests vont s'enchaîner. Il y a bien une infection, mais on n'en trouve pas l'origine. C'est alors qu'il tente une piste qui lui semble possible, vu les résultats et mes faiblesses physiques de plus en plus évidentes. La maladie de Lyme*. En quinze jours, je fonds et perds huit kilos. Ma vue baisse, j'ai du mal à lire et même, en regardant l'écran de ma télévision, je vois trouble. Des douleurs

* La borréliose de Lyme ou maladie de Lyme est une maladie infectieuse due à une bactérie du complexe *Borrelia burgdorferi sensu lato,* transmise à l'être humain par piqûres de tiques, de puces ou de moustique infectés.

aux articulations apparaissent et je sais qu'elles ne sont pas liées à mes opérations. J'ai appris à scanner mon corps et à évaluer si elles proviennent des nerfs ou des os.

Là, ce n'est pas la même chose. Plus sournois, il y a cette terrible impression que des intrus habitent mon corps. Qu'ils me dévorent de l'intérieur. Je deviens fou. Je pars en vrille plusieurs fois par jour sans aucune raison. Des délires paranoïaques m'envahissent. J'ai besoin de connaître l'origine de ce mal. Le verdict sera prononcé quelques semaines plus tard.

Un ami me conseille d'aller consulter un spécialiste des maladies infectieuses à l'hôpital de la Pitié-Salpêtrière. Je n'obtiens un rendez-vous que deux semaines plus tard. Entre-temps, un producteur me propose de réaliser un film pour l'UNESCO sur l'artisanat dans le monde. Malgré mon état, j'accepte. J'ai besoin de travailler pour ne pas péter les plombs et pour payer mes factures. Je n'ai pas idée alors à quel point ce tournage va se transformer en un véritable chemin de croix.

Au département des maladies infectieuses, parasitaires et tropicales, je suis reçu par le professeur Semuac. Hautain et arrogant, quand je lui décris mes symptômes, c'est tout juste s'il me regarde. Je lui explique également mon passé médical et mes opérations du dos. Mes jambes continuent de me démanger, et la fatigue est devenue chronique. Le professeur me regarde de travers et me lance : « Vous ne feriez pas plutôt une bonne dépression depuis votre syndrome de la queue de cheval ? » Je n'en reviens pas. Je me lève et titube jusqu'à son bureau, je pose les deux mains sur sa table et, droit dans les yeux, je lui balance en pleine face tous les symptômes que j'ai depuis plusieurs semaines. Je finis en hurlant. Quelques minutes plus tard, on me fait une nouvelle analyse biologique appelée Elisa.

Les jours suivants sont un véritable calvaire. De peur d'avoir un accident tellement je suis faible et de ne pouvoir libérer Electra enfermée chez moi, je passe chez ma tante lui déposer les clefs de mon appartement. J'ai toujours aussi peur de l'approcher. Elle qui ressent tout se blottit dans un coin de l'appartement et n'en bouge plus. J'en ai le cœur serré, mais je suis encore sous le coup des traumatismes physiques. Au yoga thérapeutique où je continue de pratiquer tous les mardis, ma professeure Corine Biria comprend ce qui m'arrive et change le programme de mes séquences posturales pour n'effectuer que celles qui peuvent remonter le système immunitaire. Je découvre une autre palette de cette discipline et de ses pouvoirs de guérison. Elle n'en revient pas de ma fonte musculaire. Quelque chose habite mon corps et me grignote de l'intérieur. Des mois d'efforts pour me reconstruire physiquement sont balayés en quelques semaines.

De retour à la Pitié-Salpêtrière, le verdict tombe, *Toxocara canis*. Je crois lire sur le visage du professeur Semuac une légère déception. Je ne suis plus ce fou délirant en pleine dépression paranoïaque. Il y a bien une parasitose. Il m'explique qu'il y a trois voies d'infection possibles, l'une par la manipulation des gamelles de nourriture de mon chien, l'autre par contact avec les déjections animales lorsque je les ramasse ou enfin, la plus probable, par les piqûres de puces qui s'étaient réfugiées sur le pelage d'Electra. Je reste sans voix alors qu'il m'en détaille les symptômes. Après l'ingestion des œufs embryonnés, les larves éclosent dans l'intestin grêle, pénètrent la paroi intestinale et migrent vers le foie *via* la circulation sanguine. Puis les larves se disséminent dans différents tissus, les poumons, les muscles, les yeux, voire le système nerveux central. Je comprends que presque tous les tissus de mon organisme peuvent être touchés, d'où mes difficultés respiratoires, mes douleurs articulaires et surtout la fatigue chronique. Il me demande de voir en urgence un ophtalmologiste, car après m'avoir examiné il croit avoir repéré un granulome rétinien. À mon regard interrogateur, il m'explique qu'il s'agit d'une réaction inflammatoire qui provoque un strabisme. Pour le grand final, il ajoute une dernière couche très sympathique. Selon lui, les larves se sont fixées au niveau du système nerveux central, d'où la fièvre et les maux de tête. Un scanner s'impose pour vérifier que je ne risque aucune manifestation neurologique grave comme l'épilepsie, la vascularité cérébrale ou une méningo-encéphalite. Je connais ce dernier terme, je l'ai frôlé il y a six ans lors de ma deuxième opération du dos qui a suivi mon syndrome de la queue de cheval avec une fuite du liquide céphalo-rachidien. Il ne manquerait plus que ça ! J'hallucine. Je quitte l'hôpital en titubant.

De retour à la maison, Electra me saute dessus de joie, comme à son habitude. Même si mon absence n'est que de quelques minutes, c'est toujours le même cérémonial. J'ai un mouvement de recul. Je ressens même une colère sourde contre elle, et surtout contre la dog-sitter. Il faut que je me calme. Que je fasse le point. Je ne peux évidemment en vouloir à ma chienne. Je vois à son regard en biais qu'elle ne comprend pas mon attitude. Elle sent mes tensions. Je m'agenouille devant elle et la prends dans mes bras. Que puis-je risquer de plus ? J'ai nettoyé de fond en comble l'appartement, je suis passé deux fois chez le vétérinaire pour analyser chaque centimètre de son pelage et bientôt j'attaque un traitement prescrit par le parasitologue. Il m'a d'ailleurs prévenu, les effets secondaires seront violents, mais après la différente palette de médicaments pris depuis mes opérations, je ne suis plus à ça près. Ce qui m'angoisse, en revanche, c'est mon prochain départ en Afrique, au Burkina Faso, pour mon film pour l'UNESCO. Je dois me rendre dans quatre pays filmer différents artisans pour une campagne mondiale destinée à promouvoir les métiers artisanaux auprès de la jeune génération qui a tendance à les délaisser, voire à les ignorer.

*

Je suis dans l'avion à destination de Rabat pour une escale de deux heures pour ensuite voler vers Ouagadougou, capitale du Burkina Faso. Je claque des dents. Je suis congelé et j'ai l'impression que l'on me donne des coups de marteau sur la tête. Voilà les effets secondaires de ce merveilleux médicament appelé Notezine, prescrit dans des cas de filariose lymphatique. Il n'est délivrable qu'au sein d'un service hospitalier et sur la notice il est gentiment précisé que fièvre, maux de tête et vomissements font partie des réactions générales. Mais je n'y ai pas trop prêté attention. C'est souvent le cas pour ce genre de médicament. Pourtant, vu la tête du sympathique docteur Semuac lorsqu'il a rempli l'ordonnance, tout en me mettant en garde contre les effets indésirables « assez violents » du produit, j'aurais dû me méfier. D'autant plus que, lorsque je lui signalai que je voyageais bientôt en Afrique et qu'il était recommandé de prendre un antipaludéen, il avait marmonné qu'au vu de l'efficacité du médicament, il n'était pas nécessaire d'en ajouter un autre.

À ma descente de l'avion, je m'agrippe à la rambarde de la passerelle. Les vertiges sont récurrents et manquent de me faire perdre l'équilibre. Je me demande comment je vais réussir à enchaîner les quatre jours de tournage qui arrivent. Je dois me rendre dans plusieurs quartiers de la capitale filmer des sculpteurs de bronze, tout ça sous une température qui frôle les quarante degrés. La joie.

Je suis accueilli par un grand gaillard au franc sourire. Ce Burkinabé d'une cinquantaine d'années va se révéler l'un des hommes les plus sympathiques que j'ai eu l'occasion de rencontrer à travers mes reportages. À la sortie de l'aéroport, il m'invite en terrasse d'un café qui longe un parc arboré de Ouagadougou. J'entends vrombir près de ma figure les dangereux battements d'ailes d'un moustique. Tel un cow-boy du Far West, je plonge ma main droite dans une poche extérieure de mon sac à dos et en ressors une bombe antimoustique dont je m'asperge de haut en bas. Mon hôte éclate de rire. J'esquisse un vague sourire à mon tour. Je n'ai pas pu prendre d'antipaludéen, et une piqûre de moustique représente un réel danger pour moi. *Welcome to Africa!*

Je vais pourtant tenir le choc et m'immerger physiquement et artistiquement dans cette extraordinaire culture. Le long des routes qui sortent de la capitale, c'est une multitude d'étalages de toutes sortes de marchandises qui s'offrent à mes yeux. Il y a de tout. Des sandales aux tuyaux de plomberie, des gants de toilette aux produits vaisselle. Rien ne se perd en Afrique, tout se récupère et tout se recycle. Mon hôte me dira que si les Africains avaient accès à nos poubelles d'Occidentaux ils seraient riches. Je veux bien le croire. C'est de là d'ailleurs que vient le bronze utilisé par les sculpteurs. Les joints des maisons et bâtiments non utilisés dans les constructions ou jetés sont aussitôt récupérés puis fondus. Cette débrouille et leurs talents conjugués donnent naissance à de magnifiques et gracieuses sculptures. Malgré la fatigue et les maux de tête constants, je rapporterai de belles images et un souvenir ému de mon passage dans cette région, récemment envahie par les Chinois.

De retour à Paris, je n'ai qu'une seule chose qui me procure de la joie d'être rentré. Retrouver Electra. Le lendemain de mon arrivée, je prends ma voiture et file en direction de Montargis chez mon ami Gilles. Cette fois-ci, les retrouvailles sont franches et chaleureuses. Elle doit peut-être sentir ma fébrilité et ne se décolle pas de moi les quelques jours qui suivent.

J'attaque une série de traitements qui « reboostent » mon système immunitaire afin que mon corps puisse éliminer lui-même les « souvenirs » que les parasites ont laissés. Car, même éliminés, ils ont abandonné des toxines qui continuent de m'affaiblir. Cette maladie, apparentée à la maladie de Lyme, est un véritable calvaire, car les rechutes sont fréquentes. Chocs émotionnels, stress et périodes à risque telles que les changements de saisons en sont les déclencheurs. La naturopathe qui me suit compare ces symptômes à de l'herpès avec des crises annuelles à répétition. Il faut donc établir un protocole de longue durée pour soutenir l'ensemble de mes systèmes de défense immunitaire. Je suis à nouveau en guerre contre une maladie invisible qui m'affaiblit. Certains jours, mes pensées sont tellement sombres que je pense à donner ma chienne en adoption, car juste la sortir devient au-delà de mes forces.

Pourtant, je trouve l'énergie suffisante et, surtout, je réussis à achever mon film sur le yoga. Rencontrer des hommes et des femmes qui pratiquent dans les régions les plus improbables du monde, malgré leurs maladies tels le Sida ou la sclérose en plaques, me sidère. Ils trouvent en eux le courage de transmettre aux autres les fondamentaux du yoga, et cela devient une leçon de vie qui éclaire les horizons les plus sombres de mon existence. Quand une professeure de yoga vivant à Los Angeles me confie que, malgré son calvaire de vivre avec le VIH depuis les années quatre-vingt-dix, elle « n'est pas la maladie », que son être a réussi à la transcender, je ne peux que m'incliner devant son courage et continuer à avancer sur mon chemin. Je rencontre aussi celui dont je pratique le yoga, le grand maître indien BKS Iyengar. Nous passons plusieurs heures dans son village natal de Bellur où, à la suite d'un magnifique entretien, il me dit cette phrase qui va longtemps résonner en moi : « Le yoga nous permet d'endurer ce qui ne peut être soigné et de soigner ce qui ne peut être enduré. »

Comment trouver le désir et la force de me relever et de devenir à mon tour un « passeur » ? Accomplir ce que demande le yoga, transmettre, ne serait-ce qu'à une seule personne ? Suivre les pas de ma professeure de yoga à qui j'en ai fait la promesse ? Mais je n'en ai ni la vocation ni le physique. J'ai bien suivi une formation sur trois ans pour enseigner à mon tour, mais je n'ai pas ce feu sacré en moi que je vois chez tellement d'enseignants.

Alors, ce film est ma *sadhana**. Il réunit tout ce que je désire faire depuis toujours, tant sur le plan artistique que spirituel. C'est cette mission et celle de prendre soin d'un être abandonné qui me permettent de tenir. De pouvoir m'écrouler, vouloir tout abandonner puis de me relever et de reprendre confiance. Tourner mon être vers une puissance, une présence qui m'est supérieure et demander humblement de l'aide. Elle est venue. Les amis, les rencontres et les signes inespérés du destin ont jalonné mon chemin, ils m'ont permis de sécher mes larmes par des sourires. Alors, quand, en ce mois d'août, Electra et moi, accablés par la canicule parisienne, nous nous rendons en salle de montage, je pressens que quelque chose d'important s'apprête à voir le jour.

---

* En sanskrit : « le moyen d'accomplir quelque chose ».

Chapitre 9

# *RESPIRE*, ELECTRA RENCONTRE SON PUBLIC

J'ai longtemps résisté à l'idée de mettre mon histoire en scène. Peurs inconscientes de m'exposer ? Danger du narcissisme ? Un mélange de sous-estime et d'un sentiment de manque de légitimité ? Un peu de tout ça sans doute. Ce sont les producteurs du film et une rencontre avec l'écrivain Emmanuel Carrère qui ont fini par me décider. Les premiers m'ont démontré que malgré de bons intervenants et de belles images que je rapportais des quatre coins du globe, il manquait une véritable arche narrative forte. L'écrivain qui avait accepté de lire mon scénario ajouta une dernière touche très personnelle, me disant qu'il prêchait pour sa propre paroisse, mais qu'il était essentiel que je prenne le public par la main et que je narre l'histoire à la première personne. Quelques années plus tard, lorsque son livre *Yoga* paraîtra, je comprendrai encore mieux le sens de son conseil.

Electra est installée sous la table de montage. Elle ne bouge pas tout le temps où je dérushe les images avec la monteuse. Je revisite tous ces moments incroyables où chaque séquence me renvoie aux coulisses des tournages. L'Inde, l'Afrique, les États-Unis, et surtout des scènes au centre de rééducation fonctionnelle de Granville, ainsi que des images tournées en amateur au centre spirituel en Allemagne où j'ai commencé mes cours de yoga il y a huit ans. C'est joyeux et pénible à la fois. Je retrouve mon parcours en images et, certains soirs, en sortant de la production où nous travaillons, je suis ému aux larmes. Tant de rencontres, tant d'aides improbables venues aux moments propices. Je trouve une nouvelle confiance en moi. Je regarde ma chienne trottiner à mes côtés et je me sens plein de gratitude. Sa présence au cours de toutes ces années m'a permis de tenir. Que ce soient juste nos promenades de quartier qui m'ont obligé à me lever et à entrer dans la dynamique de la journée ou la joie anticipée de nos retrouvailles après mes déplacements à l'étranger, sa présence à mes côtés est devenue indispensable et souvent salutaire. Je pense à tous ces artistes qui ont dédié certaines de leurs œuvres à leurs animaux de compagnie. Il y a encore quelques années, cela me semblait exagéré. Que ce soit l'histoire du chanteur Léo Ferré et sa femelle chimpanzé Pépée qu'il adorait plus que sa femme, Virginia Woolf et le cocker Flush qui lui a inspiré un roman ou encore Picasso et Lump le teckel qu'il a capturé dans plusieurs dessins. Tous ont eu une réflexion commune, ils ont compris que les mots ne sont pas la seule manière de communiquer avec eux, que certaines émotions n'ont pas besoin d'être verbalisées pour être exprimées, nos compagnons les saisissent.

Le soir, après mes longues journées de montage, je reprends mes dialogues fous avec ma chienne. Je lui fais part de mes angoisses, du travail que je fais, enfermé dans ce petit espace où nous travaillons sur le film et qu'il m'est impossible de la sortir autant que d'habitude. Je lui présente des excuses. Je ne crains plus de me surprendre dans un délire de folie de communication surnaturelle, elle ressent tout, j'en suis sûr, et cela suffit. Son long regard qui pénètre tout mon être, qu'elle pose sur moi quand je pars dans de longs monologues, finit toujours par m'apaiser et me ramener à plus de raison. « Ça va aller, ça va aller », je m'entends lui répéter.

C'est la chaîne LCP Public Sénat qui accepte de prendre le film. Quand les producteurs me l'annoncent, j'ai du mal à croire que cette télévision à la ligne éditoriale très politique puisse diffuser un film sur cette pratique millénaire. Puis c'est une productrice de long-métrage qui a eu vent du projet qui me contacte et me propose de me présenter à l'éditeur Michel Lafon, friand de ce genre d'histoires. Elle souhaite par la suite optionner le livre pour l'adapter en fiction. Récemment, elle s'est lancée dans une adaptation d'un ouvrage de l'ethnomusicienne et spécialiste du chamanisme mongol Corine Sombrun*. Le rendez-vous s'organise rapidement et, quelques jours plus tard, je plonge dans l'écriture de mon premier livre, *Respire***.

Le film *Breathe : Yoga, un souffle de liberté* est prêt, les épreuves du livre sont en correction. J'y ai mis tout mon cœur et j'ai tenté de narrer avec justesse mon parcours, sans me prendre pour un super-héros ou bien une victime, afin de rester au plus proche de cette « voie du milieu », loin de la vanité et de l'ego.

---

* Corine Sombrun, *Mon initiation chez les chamanes*, éditions Albin Michel, 2004. Adapté au cinéma sous le titre *Un monde plus grand*, réalisé par Fabienne Berthaud, sorti en salles en 2019.

** Stéphane Haskell, *Respire*, éditions Michel Lafon, 2016. Réédition en poche chez Marabout, 2017.

Difficile exercice. Electra est partout dans ces œuvres. Dans une séquence du film, à mes côtés quand je pratique mes séquences de yoga matinales et dans la plupart des chapitres du livre. Elle est réellement devenue mon bouddha à quatre pattes.

À ma grande surprise, le film sera diffusé plusieurs fois sur deux années sur la chaîne, avec une audience qui avoisinera le million de téléspectateurs. Je me retrouve sur le plateau de quelques émissions de grande audience à défendre les valeurs du yoga et, quelques semaines après mon premier débat télévisé, le livre paraît. Les producteurs et l'éditeur ont vu juste en pariant sur une importante communauté en France de près de trois millions de pratiquants. Je comprends surtout que des années que je pensais perdues, tant mon handicap et mes douleurs chroniques me limitaient dans mon quotidien, ont en fait représenté une période de transformation intense. Maintes fois, j'ai relu un passage de la Bhagavad-Gita qui nous apprend à ne pas nous attacher aux résultats de nos actions, car ils ne nous appartiennent pas. Il fait écho à l'une de mes citations préférées de Montaigne : « *Agis donc, non pour le fruit, mais pour le plaisir de l'action : vis non pour le bonheur, mais pour vivre.* »

J'ai réalisé mes projets en puisant loin dans mes ressources physiques et mentales. Désormais, ils ont leur propre vie, et je ne peux que les accompagner du mieux possible. C'est ainsi que je suis convié par différents cinémas et associations de yoga à travers la France à présenter le film et à en débattre avec le public. L'un des événements les plus forts aura lieu en Bretagne, non loin de Rennes, où Electra une nouvelle fois viendra m'aider à me sortir d'une situation difficile.

Quelques jours avant de m'y rendre, je cherche à la faire garder le temps de mon voyage. Personne n'a de place. Je me résous à l'emmener. Elle s'est habituée à nos déplacements fréquents et son caractère docile en a souvent fait une alliée précieuse dans des situations tendues. C'est l'une des meilleures pacificatrices que je connaisse, je ne cesserai de découvrir que les animaux le sont souvent.

Après quatre heures de route, j'arrive dans le petit village de Saint-Aubin-du-Cormier, une bourgade de quatre mille habitants à une trentaine de kilomètres de Rennes. Je me perds en cherchant la salle de cinéma où j'ai rendez-vous. Où vais-je bien pouvoir atterrir ? Une salle de mairie ? Un sous-sol de gymnase ? Qu'importe. Ma professeure de yoga, figure emblématique de mon film, me l'a répété des dizaines de fois : « Même si ton travail ne touche qu'une seule personne, cela suffit. L'un des fondamentaux du yoga est la transmission, ne l'oublie jamais. »

Au détour d'un virage, je débouche sur un large terre-plein avec un gigantesque multiplex trônant au milieu. Je n'en reviens pas de voir dans ce coin isolé un tel édifice. Je suis accueilli par les organisateurs qui ne me laissent pas le temps de souffler, m'entraînent dans le cinéma et m'installent à une table où est disposé mon livre. Electra semble en mission, elle me suit de près et me surveille du coin de l'œil. Toute cette agitation autour de son humain ne semble pas du tout l'effrayer. Alors que je m'assieds et commence la séance de dédicace, elle se poste à mes pieds comme pour m'apporter du réconfort et me permettre de m'ancrer. Après ces quelques heures en voiture, je n'ai envie que d'une chose, une douche chaude et une courte sieste. Une heure plus tard, je suis éreinté. Il est prévu d'enchaîner avec la présentation du film. Je me lève de mon siège avec peine. Trop longtemps je suis resté en position assise, et mon dos tout entier se tasse et les douleurs aux dorsales reviennent aussitôt.

Les organisateurs me demandent de les suivre dans la salle pour présenter mon documentaire au public. Je regarde Electra toujours allongée sous la table. Par un signe simple, je lui fais comprendre de rester, que je reviens. Notre système de communication a tellement évolué au cours de ces dernières années qu'un geste accompagné d'une certaine intonation de voix suffit. Je me retrouve dos à l'écran face au public. Je n'en reviens pas, il ne reste pas un siège libre. J'apprendrai plus tard que près de cinq cents personnes se sont déplacées pour voir le film. La lumière des spots m'aveugle et j'ai du mal à trouver mes mots quand on me passe le microphone. Je m'interromps pour retrouver un peu d'assurance. À ce moment, j'aperçois une des portes battantes de la salle s'entrouvrir. Un retardataire se faufile et, dans son sillage, je reconnais ma chienne profiter de cette opportunité pour venir me rejoindre. Tranquillement, elle descend une à une les marches qui conduisent au pied de l'écran où je me tiens debout. Plusieurs têtes étonnées se tournent vers elle. Tout à son aise, elle poursuit sa descente pour venir s'asseoir à mes pieds, lâchant un petit soupir de soulagement à l'arrivée. J'entends quelques rires fuser et, tout d'un coup, c'est une salve d'applaudissements qui remplit la salle. Cette diversion me donne la possibilité de me ressaisir et de retrouver mes esprits. Je suis plus à l'aise dans mon discours et, surtout, plus dans l'authenticité de mes paroles.

Quelques minutes plus tard, nous sortons de l'amphithéâtre avec la star de la soirée pour dîner dans une pizzeria locale. Je souris encore de ce qui vient d'arriver. Ce soir, ma chienne m'a en quelque sorte rendu la liberté de ressentir mes émotions et l'audace de les montrer. Mais je ne suis pas au bout de mes surprises. De retour au cinéma après la projection, les lumières éclairent la salle et je peux mieux découvrir les différents visages du public.

Aux premiers rangs, je remarque quelques jeunes hommes aux traits tirés, mais arborant de francs et beaux sourires. Je trouve le contraste étonnant.

L'un d'entre eux se saisit du microphone pour me poser plusieurs questions sur la pratique du yoga et ses vertus thérapeutiques. Il s'exprime bien, et ses questions sont très pertinentes. Au cours de notre échange, j'apprends qu'il est agriculteur. Que lui et d'autres de ses congénères ont commencé récemment la pratique du yoga et qu'ils se retrouvent régulièrement dans la salle des fêtes du village aménagée pour l'occasion en studio. Je lui demande comment cela s'est produit. Un professeur de yoga bénévole habitant non loin de Rennes ayant entendu parler de leurs divers problèmes de santé leur a proposé ses services. D'abord sceptiques, ils s'y sont rendus à reculons, plus par défi que par une envie spontanée, me dit-il. Mais ils se sont vite aperçus des bienfaits. Je pousse mon investigation plus loin et lui demande de quels types de pathologies il s'agit. Sa réponse va me laisser quelques secondes sans voix. Depuis plusieurs années, les paysans de la région aspergent leurs champs de pesticides néfastes pour l'organisme humain. Le résultat est que la plupart d'entre eux, malgré leur jeune âge, ont développé des maladies auto-immunes graves tels Alzheimer, le cancer et la sclérose en plaques. Beaucoup se sont trouvés dans l'incapacité de travailler et ont perdu leur exploitation agricole. Cela a même tragiquement conduit certains au suicide. À ces mots, j'entends une femme se mettre à pleurer. « Évidemment, continue-t-il, officiellement, il n'y a jamais aucun lien avec les pesticides. Nous sommes abandonnés par l'État… mais pas par le yoga », conclut-il en rigolant. Ses amis qui l'accompagnent s'esclaffent avec lui, et le reste de la salle applaudit. L'ambiance se détend à nouveau et je me dis que quand, dans certains débats télévisés, je me suis fait critiquer sur le fait que je défendais une pratique faite pour des illuminés ou des bobos en mal de sensations fortes, ils feraient bien de venir rencontrer ces hommes et ces femmes. Leur courage, leur franc-parler et leur investissement dans la pratique en convaincraient plus d'un.

À la suite du débat, le jeune agriculteur me présente Michel Besnard, le président du Collectif de soutien aux victimes des pesticides de l'Ouest*. Il m'explique à quel point il est urgent de mettre en lumière l'envers du décor de l'agriculture industrielle hyperproductiviste révélé au grand public par des lanceurs d'alerte et des victimes des pesticides de la coopérative bretonne Triskalia.

Le lendemain, avant mon départ, nous déjeunons ensemble et je découvre l'ampleur des dégâts et le manque de directives gouvernementales visant à protéger les agriculteurs. En lisant les quelques lignes d'un formulaire qu'il me donne, je suis atterré par le nombre d'intoxications survenues depuis ces dernières années. J'en retiens les principales qui concernent aussi bien les salariés de l'usine de fabrication d'aliments pour bétail de Plouisy, ceux de la plate-forme logistique de produits phytosanitaires de Glomel, ou une autre par des aliments médicamenteux de vaches laitières d'un agriculteur de Moustéru et enfin, la plus flagrante, survenue à la suite d'une livraison sur le port de Brest de maïs traité à la phosphine provenant de Roumanie.

Michel me confie que sa mission concerne aussi une aide aux particuliers, car récemment c'est une petite fille de onze ans qui

---

* Collectif de soutien aux victimes des pesticides de l'Ouest : http://victimepesticideouest.ecosolidaire.fr.

s'est trouvée atteinte d'une leucémie provoquée par l'épandage de pesticides près de sa maison. Son collectif a agi et un accord a finalement été trouvé entre l'agriculteur et la mairie. En revanche, pour la petite Chloé, la lutte contre la maladie se poursuit avec une chimiothérapie d'entretien et des défenses immunitaires toujours diminuées.

Je quitte la région bretonne le cœur lourd, mais avec le sentiment précieux de m'être rendu utile. Au moment de partir, une partie du public présent à la projection est venue me dire au revoir et le mot merci était sur la plupart des lèvres. Je ne pus m'empêcher d'être ému aux larmes. Intérieurement, je remercie tous ceux qui m'ont appris à m'ouvrir à ces pratiques, ceux qui m'ont soutenu et, alors que je regarde dans le rétroviseur de ma voiture, Electra dort les quatre fers en l'air sur la banquette arrière. Elle a joué un rôle dans ma connexion à la nature et, de ce fait, m'a sensibilisé aux problèmes écologiques de notre planète.

Chapitre 10

# LA MALADIE DE MA CHIENNE

Neuf années se sont écoulées et l'attachement que nous avons l'un pour l'autre ne fait que grandir. Nos échanges se sont affinés, la communication est de plus en plus subtile. Beaucoup de ces signaux non verbaux passent par le regard. D'ailleurs, des scientifiques japonais ont découvert que :

**Les chiens et leurs humains ont des poussées d'ocytocine lorsqu'ils se regardent dans les yeux. C'est cette hormone qui renforce le lien maternel entre une mère et son enfant quand ceux-ci font la même chose.**

Cette nouvelle étude publiée dans le journal *Science** suggère que les chiens ont puisé dans ce mécanisme biologique, ce qui a renforcé leurs liens avec les humains depuis des siècles. Takefumi Kikusui, de l'université Azabo, au Japon, explique même : « *C'est peut-être la raison pour laquelle la relation homme-chien semble aussi bien marcher.* » Les chercheurs pensent que le chien s'est peut-être domestiqué lui-même. De génération en génération, les loups se sont rapprochés de l'homme pour profiter de sa

* « *Oxytocin-gaze positive loop and the coevolution of human-dog bonds* », *Sciences*, n° 348, 17 avril 2015.

présence et se nourrir de ses restes. Les humains ont fini par voir ces animaux comme des alliés naturels et ont commencé à les élever pour chasser et garder le bétail. Puis leur relation s'est encore développée, jusqu'à faire du chien un compagnon pour l'homme.

Pour mieux comprendre la relation homme-chien, l'équipe de Takefumi Kikusui a tout d'abord observé des chiens jouer avec leurs maîtres pendant une demi-heure. Des tests d'urine ont démontré que le niveau d'ocytocine augmentait chez les personnes qui regardaient le plus leur chien dans les yeux, et que cette hormone augmentait de la même manière chez les chiens. Les scientifiques ont ensuite démontré que l'hormone poussait les chiens à fixer leur maître plus longtemps en pulvérisant une solution saline sur la truffe de certains animaux et de l'ocytocine sur d'autres. À noter que cet effet a uniquement été constaté chez les femelles. Il est également important de souligner que ce mécanisme n'est pas reproduit entre l'homme et le loup, ce qui suggère que les changements qui ont différencié le chien des canidés sauvages ont eu lieu très tôt dans l'histoire de la domestication. Miho Nagasawa, qui a dirigé le groupe de chercheurs, a expliqué dans l'étude que : « *Même si les humains et les chiens existent sur différentes branches de l'arbre de l'évolution, ils ont peut-être tous les deux acquis de manière indépendante une tolérance de l'autre à cause d'altérations dans le système neurologique qui régit l'affiliation.* »

Dans un article annexe publié dans *Science*, Evan MacLean et Brian Hare, du Duke Canine Cognition Center (Caroline du Nord) affirment que cette découverte pourrait permettre d'obtenir des indices sur la manière dont les chiens sont entrés dans l'histoire humaine et nous montrer comment notre relation avec les chiens peut être bénéfique pour nous*. Ensemble, ces observations soutiennent l'influence de cette « boucle chimique inter-espèces » qui unit le cerveau des humains et leurs compagnons canins. Il semblerait ainsi qu'un mécanisme puissant se soit mis en place, à travers lequel les chiens gagnent nos cœurs et nous gagnons le leur en retour.

**Les chiens, dans le cadre de leur évolution conjointe avec notre espèce, semblent avoir « détourné » une voie de liaison qui est au cœur de l'une des connexions les plus profondes connues de l'humanité, à savoir entre un parent et son enfant.**

Dire que nous aimons nos chiens autant que nous aimons notre progéniture pourrait paraître exagéré, mais un nombre croissant de preuves suggère que nous éprouvons pour nos amis canins des sentiments remarquablement similaires. Et nos chiens, semble-t-il, l'éprouvent de la même façon.

Je ne suis donc pas étonné par cette communication si particulière qui me lie à Electra. Elle sonde mes pensées et les devance. Elle réagit à mes émotions, joie, tristesse et autres en adaptant immédiatement une attitude de réconfort ou d'allégresse. Mais au-delà des études et des résultats scientifiques qui expliquent rationnellement ce fait, je pressens qu'il existe autre chose de plus subtil, de plus invisible qui dépasse nos esprits si analytiques.

Je rejoins sur ce point la spécialiste américaine Alexandra Horowitz** qui est convaincue que les chiens sont doués de sentiments. Ils ne les expriment pas de la même manière que nous,

---

* « Si le chien est le meilleur ami de l'homme, c'est grâce à une hormone », *Slate*, 17 avril 2015.

** Docteur en sciences cognitives, Alexandra Horowitz est enseignante et chercheuse au département de psychologie animale du Barnard College, à New York. *Dans la peau d'un chien*, éditions Flammarion, 2009.

les nôtres, bien sûr, mais elle insiste sur le fait qu'ils peuvent être plus élaborés dans leurs différentes formes d'expression.

*

Ce matin de juillet, je roule vers la ferme de Solterre rejoindre mon ami Gilles et la tribu qui s'est réduite à trois chiens. J'ai appris il y a quelques semaines la triste nouvelle. Flèche le beagle souffrait de diabète et, malgré les piqûres et les soins réguliers, son cœur a lâché. C'est à nouveau la fête quand nous arrivons, Electra file rejoindre ses amis, et ils disparaissent dans la forêt. Je les vois cavaler au loin dans les bois, Pamela et Paulo en tête, suivis de près par ma chienne et Alphonse fermant la marche d'un pas nonchalant. En les regardant s'éloigner, je me demande ce que ressentent les chiens quand l'un des leurs meurt. Se rendent-ils compte de l'absence éternelle de leur ami ? Ont-ils comme nous une période douloureuse de deuil ?

Deux heures plus tard, je suis attablé avec mon ami quand les quatre chiens reviennent de leur virée. La dernière à arriver est Electra. Elle avance péniblement et s'écroule à quelques mètres de nous. Elle supporte mal la chaleur. Il fait trop chaud pour elle pour suivre le rythme de ses compagnons plus résistants. Je me saisis d'un arrosoir et l'asperge sur l'encolure pour la rafraîchir. Elle lève à peine la tête et me regarde. Je lis dans ses yeux qu'elle est à bout de forces. Je la laisse se reposer à l'ombre de l'arbre sous lequel elle s'est couchée et m'apprête à reprendre la route pour Paris. Je dois prendre un train le soir même pour rejoindre des amis pour fêter les quarante ans d'une amie à Londres. Avant de quitter Solterre, je passe vérifier qu'elle va bien. Je passe ma main sur son ventre, elle respire normalement.

Je sors du métro Gare du Nord quand Gilles m'appelle. J'ai un mauvais pressentiment. Il me dit que depuis mon départ Electra n'a pas bougé, car elle a du mal à se lever. Inquiet, il l'a portée chez son vétérinaire qui soigne ses autres chiens. Le diagnostic n'est pas bon, ce dernier soupçonne une infection rénale.

Quelques heures plus tard, je suis dans le cabinet vétérinaire d'Amilly à quelques kilomètres de Montargis. Rodolphe Mehl qui dirige la clinique m'accueille. Je devine à son expression que les choses se sont aggravées. Les tests sanguins sont revenus.

— Ce n'est pas bon, me dit-il. On ne peut même plus lire les taux d'urée et de créatine, ils sont au-delà des chartes. Les chiens qui souffrent de ce type d'infection rénale foudroyante n'ont quasiment aucune chance de s'en sortir. Préparez-vous au pire, achève-t-il de me dire sur un ton glacial.

La nouvelle me scie les jambes. Je m'assieds dans la salle d'attente devant la blouse blanche qui vient de m'annoncer l'horreur. Je ne vois plus le visage du vétérinaire. Ces derniers mots résonnent en moi comme des cloches sonnant le glas.

Devant mon désarroi, il me demande de l'attendre quelques minutes, il va revenir avec ma chienne. Il revient la portant dans ses bras et la dépose à mes pieds. Je m'agenouille, elle blottit sa tête sur mon épaule et soulève une patte qui se love derrière mon cou. Elle essaie de me dire quelque chose alors que je sens son souffle et sa truffe froide contre ma joue. Elle lâche un petit gémissement et tente de se redresser, je l'aide à tenir sur ses pattes. Elle vacille, mais tient bon. Elle me regarde droit dans les yeux, je sens un frisson me parcourir le corps. « Ne me lâche pas », semble-t-elle me dire. Je ne dis rien, mais je la regarde à mon tour. « Je suis là, je reste là, on va s'en sortir », je lui réponds silencieusement avec toute l'intensité et la conviction possibles. Rodolphe s'agenouille à nos côtés. Je le sens ému.

— Je viens de voir quelque chose que je n'ai jamais vu avant entre un chien et son maître, me murmure-t-il à l'oreille. Je ne devrais pas vous dire cela, car je ne voudrais pas qu'elle continue à souffrir, mais prenez-la un ou deux jours avec vous. Dites-lui au revoir et revenez nous voir, on fera le nécessaire pour qu'elle parte en paix.

Non. Je le sais. Je le sens. Ce n'est pas le moment. On va se battre. Tout mon être inspire et expire ses pensées. Je ne doute pas qu'à cet instant Electra les a imprégnées par toutes les cellules de son corps. Nous rentrons à la ferme de Solterre, je porte Electra dans mes bras jusqu'à ma chambre et l'installe confortablement sur des couvertures. Quand elle me regarde et que je vois ses yeux rouges et vitreux, j'ai peur. Malgré cela, je sens qu'elle est prête à se battre, à s'accrocher à la vie. Nous sommes toujours ensemble, notre mission de vie tous les deux n'est pas finie. Il y a encore des levers et des couchers de soleil à partager. Des balades dans les bois et sur les plages à faire truffe et nez dans le vent. Des nages dans les lacs et la mer à fendre l'eau, ou juste se poser l'un à côté de l'autre dans l'herbe. Tous ces instants que je n'ai pas su pleinement saisir avant son arrivée, ils sont encore là, à notre portée, ce n'est pas fini.

J'entends gratter à la porte de ma chambre. Electra lève la tête, elle sait qui vient la voir. J'entrouvre la porte, et c'est Alphonse le labrador qui se faufile entre mes jambes et vient se coucher à côté d'elle. Leurs deux têtes se touchent presque. Il sent. Il est venu la réconforter. Il va rester avec elle toute la nuit. J'ai du mal à dormir et chaque fois que je me réveille je me penche sur elle et lui murmure quelques mots d'encouragement. Au petit matin, je pose ma main sur son ventre pour vérifier qu'elle respire toujours. Sa respiration est lente. Je me lève et je vais lui chercher un bol d'eau. Elle s'alimente avec peine alors j'utilise une pipette dans laquelle j'ai mis une dissolution de nourriture et lentement je le lui introduis dans la gueule. Je l'encourage à avaler. Elle mange par petites lapées. C'est une victoire. Je passe mes bras sous sa taille et la soulève doucement. Je la conduis pas à pas à l'extérieur. Dans le jardin, tous les autres chiens sont là et viennent la renifler. Alphonse est derrière nous, il la suit. Après quelques mètres, elle s'écroule. Je m'allonge à côté d'elle et continue de lui parler. Je ne la quitte pas de la journée et je l'alimente tant bien que mal.

Deux jours se sont écoulés. Je suis vidé, mais étrangement je sens une puissante énergie de vie circuler en moi. Pas une fois, je n'ai imaginé qu'Electra puisse être euthanasiée. Rien que le mot me donne la nausée. C'est dans cet état second que j'arrive avec elle à la clinique. Rodolphe nous reçoit dans son cabinet. Il lui fait une prise de sang et me demande d'attendre cinq minutes les résultats. J'ai la gorge sèche, je n'arrive pas à articuler un mot. Je vois les petits tubes tourner dans la centrifugeuse. Le temps semble s'arrêter. Comme dans un mauvais rêve, je n'entends plus que le bruit de l'imprimante sur laquelle les résultats s'inscrivent. J'ai l'impression que chaque caractère qui s'imprime signe un arrêt de mort. J'ai chaud. J'ai froid. Electra est immobile à mes pieds. Rodolphe se saisit des feuilles imprimées. Il a l'air sidéré.

— Elle revient, balbutie-t-il. Je n'ai jamais vu ça. Ils ne reviennent pas de ce type d'infections c'est impossible, achève-t-il de dire.

Je fais un bond sur mon siège. J'exulte.

— Calme-toi, Stéphane, m'ordonne-t-il d'un ton sévère. Les progrès sont trop légers pour crier victoire. Il s'est passé quelque chose pendant ces deux jours et on a une fenêtre de tir étroite, mais on peut tenter une hospitalisation avec une alternance de soins où tu t'occuperas d'elle. Dix jours, c'est le deal. Au-delà, ça serait de l'obstination, et c'est ta chienne qui en souffrirait. Mais prépare-toi, cela va être un combat épuisant. Je le fais, car j'ai rarement vu une telle connexion entre un chien et son maître, je veux vous donner cette chance, j'espère que je ne me trompe pas, conclut-il.

Quelques minutes plus tard, j'accompagne Electra dans une cage aménagée pour qu'elle reste en observation à la clinique. Elle s'alimente trop peu seule, alors on la perfuse. Elle a aussi une intraveineuse dans la patte droite avec la poche d'un liquide contenant des antibiotiques accrochée au-dessus de sa cage. Alors qu'on en referme la porte, je m'agenouille devant elle et lui dis que ça va aller, que je suis là. J'ai peur qu'elle retrouve ses traumatismes de chienne abandonnée en se retrouvant derrière ces grillages. Son regard est éteint, mais j'y vois quand même une lueur. C'est une battante, si elle sent que je ne lâche pas... elle fera de même.

Je fais des allers-retours à Paris et je reviens tous les deux jours pour être à ses côtés. La clinique donne sur un grand jardin clôturé, alors je la sors régulièrement au grand air quelques minutes. Comme elle est encore perfusée, je tiens une tige sur laquelle est accrochée l'intraveineuse. J'ai l'impression de me retrouver des années en arrière, quand j'étais moi-même alité à l'hôpital Henri-Mondor de Créteil. Certains soirs, j'avais des bouffées d'angoisse, et la solitude de ma chambre me serrait la poitrine. Cette fois-ci, c'est moi qui accompagne, qui apporte toute mon énergie à un être qui souffre. Nous nous installons dans l'herbe à quelques mètres de l'arrière de la clinique. J'aperçois une stagiaire qui nous regarde. Elle vient de m'apprendre à introduire la seringue de l'intraveineuse dans la veine de la patte d'Electra.

— Maintenez la veine avec le pouce et l'index de la main non dominante. Piquez franchement la peau en inclinant l'aiguille à vingt degrés environ. Abaissez légèrement l'aiguille parallèlement à la peau et pénétrez doucement la veine. Vérifiez le reflux sanguin en tirant légèrement le piston. Desserrez le garrot, m'a-t-elle gentiment indiqué.

Ma main a d'abord tremblé. Puis j'ai pris une profonde inspiration et expiré longuement pour la stabiliser. J'ai vu des gouttes de sang perler sur les poils de ma chienne et j'ai cru avoir raté la veine.

— C'est normal, m'a-t-elle rassuré.

Il est l'heure de partir et de retourner à la ferme de Solterre. Une collerette en plastique est posée autour de son cou pour qu'elle ne puisse pas se retirer les pansements. Je la fais doucement monter à l'arrière de ma voiture. Je roule doucement tout en guettant dans le rétroviseur tout mouvement de la malade qui risquerait d'arracher l'aiguille. Arrivé à la maison, la tribu, Alphonse en tête, accueille la malade. Mes amis Gilles et Michel, arrivés il y a quelques heures, sont également là. J'installe Electra dans une chambre du rez-de-chaussée et je trouve un ingénieux système pour accrocher son intraveineuse au manche d'un balai. Je comprends par les regards inquiets de mes camarades qu'ils ne croient pas trop à ce sauvetage *in extremis*. Toutes les quatre heures, je vais lui donner à manger et l'abreuver à l'aide de la pipette. C'est une attention de chaque instant.

Au réveil, je suis exténué. Le balai est tombé plusieurs fois dans la nuit et j'ai dû vérifier que l'aiguille était toujours bien enfoncée dans sa veine. Je me lève et aussitôt pose ma main sur son ventre pour sentir si la vie est toujours en elle. La journée, je l'installe à l'ombre sous un arbre, entourée de ses autres amis à quatre pattes. C'est sa cellule de soutien psychologique. J'ai appris à quel point chaque pensée, chaque souffle d'air pur, chaque énergie bienveillante qui enveloppent l'être qui souffre contribuent à sa guérison. À la regarder, même abattue, je me dis que les chiens ont une manière étonnante de prendre les choses telles qu'elles viennent. Ils savent s'engager pleinement dans le monde et dans son changement permanent, sans se sentir comme nous, à l'écart de lui. Le philosophe et mathématicien Raymond Smullyan* avait sans doute raison de dire que les chiens donnent l'impression de « *suivre le cours du tao du matin au soir* ».

Les jours se succèdent, je dors de plus en plus mal. J'attends un miracle. Je désespère. Je fais des allers-retours entre la clinique et la maison de mon ami. Ce dernier va essayer de me convaincre de lâcher prise. Je me rappelle une phrase du professeur d'université Morrie Schwartz dont la vie a inspiré le merveilleux livre *La Dernière Leçon***. Alors que l'homme est en train de mourir lentement de la maladie de Charcot, un ancien de ses étudiants vient lui rendre visite tous les mardis. Des échanges empreints d'humour et d'une grande acuité sur la vie amènent le lecteur à des réflexions profondes sur comment donner un sens à l'existence. Quelques jours avant de s'éteindre, il donne à son jeune ami ce conseil qui me poursuit depuis la lecture du livre : « *Ne pas*

* Raymond Smullyan, *The Tao is Silent*, éditions Harper One, 1977.

** Mitch Albom, *La Dernière Leçon* (*Tuesdays with Morrie*), Pocket, 2004.

*lâcher trop tôt, mais ne pas s'accrocher trop longtemps.* » Que faire ? Laisser Electra partir ? L'accompagner dans la mort avec douceur et résignation ? Je n'arrive pas à m'y résoudre. Je tente un exercice simple. Un jour, lors de l'une de mes thérapies de groupe, un homme a décrit qu'il demandait à Dieu de l'aide en priant et que les réponses à ses invocations lui venaient lors de ses méditations. Alors, je prie le soir avant de me coucher et je fais silence le matin quelques minutes. Il faut que je fasse taire mon mental qui ne tient, lui, qu'à une seule chose, ne pas lâcher. Puis écouter sans peur et sans jugement ce qui vient. Je répète l'exercice quotidiennement. Je sonde également les yeux de ma chienne, à l'affût du moindre signe. « *Je ressens, je regarde, j'écoute.* » Je me réapproprie le mantra que m'avait donné ma professeure de yoga en Allemagne. La réponse s'impose chaque fois. S'accrocher.

Un matin où je retourne à la clinique récupérer Electra, Rodolphe m'annonce qu'elle est revenue à un état stationnaire. Il n'en revient toujours pas. Dans les semaines à venir, elle devra être surveillée de près et s'alimenter avec précaution. La pauvre a vieilli d'un coup. Son museau s'est dégarni pour faire place à une courte moustache blanche. Ses pattes ne sont plus que de fragiles baguettes qui la soutiennent avec peine. Mais elle est là.

Quand elle monte sur la banquette arrière de ma voiture, elle me lance l'un de ses fameux longs gémissements, qui semble dire : « On a gagné. » Je souris. Elle a longtemps porté son humain, elle l'a soutenu dans son rétablissement. Que son corps se soit affaibli au point d'en mourir à la suite de cet empoisonnement n'est qu'à moitié surprenant. Je la cherche dans le rétroviseur, nos regards se rencontrent. Ce n'est peut-être que mon imagination cumulée à la fatigue, mais j'y lis un profond et sincère remerciement.

Perdu dans mes pensées le soir avant de m'endormir, je me dis :

**L'animal et son humain souffrent souvent des mêmes blessures émotionnelles. C'est ce que je ressens après ces neuf années auprès de ma chienne. L'animal, en nous renvoyant notre image avec ses problématiques, ouvre la voie vers une guérison. Inversement, je prends conscience qu'en vivant à mes côtés Electra a pu évoluer à son tour vers une transformation en s'appuyant sur mon propre vécu face à la maladie. Elle en a reçu les clefs.**

Chapitre 11

# PREMIÈRE COMMUNICATION ANIMALE

Cet épisode de maladie m'a laissé entrevoir ce que je redoute depuis plusieurs mois. La dernière ligne droite. Le déclin. La fin. Je ne peux et ne veux l'envisager. Je sens sa fragilité. Elle a de plus en plus besoin d'aide pour monter dans la voiture ou pour faire quelques pas au Champ-de-Mars. Maintenant, c'est moi qui la pousse à faire des tours de plus en plus longs. J'ai peur qu'elle s'ankylose, que son énergie vitale s'amenuise. Elle le fait malgré elle et me regarde souvent d'un air de dire : « Encore, encore un foutu tour ? » Oui, Electra, oui, encore. « Avance », je lui lance. Je m'éloigne d'elle et ramasse un bâton sur le sol. Je le lui montre. Mais elle feint de l'ignorer. Je le jette devant elle. Aucun mouvement. J'ai l'impression qu'hier encore elle bondissait de joie lorsque je l'engageais à ce jeu. Je n'ai pas vu les années défiler et peser sur elle.

Une urgence, voire une évidence, s'impose désormais à moi. Celle de communiquer avec elle et de briser les chaînes que m'impose mon mental pour plonger dans une connexion d'esprit à esprit. J'ai envie d'envoyer valser tous les préjugés qui existent sur la possibilité de communication non verbale avec un animal. Electra a sûrement des choses à me dire. J'écoute mon intuition, car je sais à qui m'adresser. Une connaissance de ma cousine Diana vit dans l'État du Vermont aux États-Unis. Cette ancienne *business woman* a quitté le monde *corporate* pour se former dans l'étude comportementaliste des chevaux au Equine Science & Management Kentucky Horse Park. Elle y a fait financer un important projet de communication équine alors qu'elle assistait, mois après mois, au formidable potentiel guérisseur des chevaux. Forte de ce succès, elle a décidé de monter son propre centre et, depuis, transmet aussi bien aux cavaliers professionnels qu'aux amateurs des outils de communication intuitive. Aujourd'hui, elle travaille avec tous types d'animaux et utilise ses dons de communicatrice afin d'aider de nombreux humains à établir un rapport équilibré avec eux*.

Je découvre son visage sur l'écran de mon ordinateur alors que nous faisons connaissance. Nicole Birkholzer est une quarantenaire dynamique à la chevelure blonde et au parler franc. Elle a de grands yeux bleus perçants et un beau sourire. Au préalable, elle m'a demandé de lui envoyer une photo d'Electra et de l'avoir à mes côtés lors de notre première séance en visioconférence.

Elle ne perd pas de temps et m'explique qu'elle se « connecte » à ma chienne. Du coin de l'œil, je guette une éventuelle réaction de celle-ci qui semble s'être assoupie à mes pieds. Un large sourire illumine le visage de Nicole qui commence la séance en m'expliquant qu'Electra aime se poser à ma gauche quand je suis à mon bureau et que j'écris. Je vérifie depuis mon

---

* Nicole Birkholzer, *Pet Logic*, éditions Smart Cat Publishing, 2016 et *Horse Logic*, éditions Mindful Connections, 2020, www.nicolebirkholzer.com.

ordinateur si elle peut apercevoir ma chienne assise sur ma gauche à mes pieds. Non. Elle n'est d'ailleurs jamais placée autre part quand je suis plongé dans de longues séances d'écriture. Ni à ma droite ni dans mon dos. Toujours postée au même endroit. Nicole ajoute que ma chienne aime se mettre à cette place dans ces instants, car elle ressent mon énergie créatrice, qui est celle qui me correspond le plus. Je suis soufflé, car cela est un rituel qui a lieu quotidiennement depuis des années. D'un autre côté, je me dis qu'elle connaît mon métier, donc rien d'étonnant à ce qu'un chien se mette aux pieds de son humain qui passe de longues heures à son bureau. En revanche, ce qui suit va me laisser sans voix, car Nicole ne connaît rien de mon parcours médical. Elle enchaîne en me transmettant les mots de ma chienne à mon intention :

*« Je connais le pouvoir de la volonté d'un humain, car je l'ai vu à travers les épreuves qu'il a traversées. Aujourd'hui, j'accepte son aide, car dans les premières années c'est moi qui le lui apportais. Je sais qu'il s'inquiète pour ma mort, mais dis-lui qu'il ne faut pas s'attacher à cette fin qui n'en est pas vraiment une. Dis-lui juste que, le moment venu, il verra moins de lueur dans mes yeux et il sentira un poids dans son plexus solaire. Mais d'ici là, il faut continuer à s'amuser… Ce qui est important est le legs que nous laisserons derrière nous. »*

Je n'ai pas senti la larme couler le long de ma joue. Je l'essuie d'un revers de la main. Nicole devine mon émotion et s'interrompt.

— Tu as une chienne très spéciale, Stéphane, me dit-elle. Je ne dis pas ça souvent.

Une partie en moi continue de résister et refuse cette possibilité de communication quasi magique et télépathique. Mais une autre partie y adhère pleinement. J'ai appris par mes pratiques à me connecter à cette énergie invisible, à cette énergie essentielle que tellement de personnes réfutent. Je sais qu'elle est présente, circule au-dessus de nous, en nous et entre nous. Certains ont le don de s'y brancher et d'apporter des réponses ou des soins à des êtres en souffrance. Pourquoi pas entre un humain et un animal ?

Nicole ne me laisse pas le temps de continuer à me perdre dans mes pensées et éclate de rire. Elle me dit qu'Electra aime son prénom, qu'elle aime donner un petit choc électrique aux gens qui le prononcent, ça les réveille !

« *Si je peux les changer de l'intérieur, changer leur regard sur moi et sur mon espèce, alors je remplis ma mission. Nous, les animaux, n'avons pas cette difficulté de communication qu'ont les humains. Pour nous, c'est beaucoup plus facile* », me traduit Nicole.

Je rigole à mon tour et incite Nicole à lui demander de quoi elle a besoin aujourd'hui.

— Elle aimerait que tu sois moins triste, moins affecté par sa vieillesse.

« *C'est justement le moment de prendre le temps, d'avancer pas à pas ensemble en prenant conscience du moment présent. Il faut avoir de la gratitude pour tous ces instants de partage* », continue d'interpréter Nicole.

Je suis tellement pris par ce qu'elle me dit que mes doutes s'estompent. La connexion qui s'est développée avec ma chienne au cours des années, ce sixième sens que je semble partager avec elle a fini par éradiquer mes croyances limitées par des carcans sociaux et éducatifs et m'ouvre à ce nouveau « champ de tous les possibles ». Le poète William Blake le définissait bien en disant « *qu'il faut le croire pour le voir* ». Alors, je crois ce que j'entends.

*« Va jusqu'au bout du projet de livre sur notre histoire. C'est important, car cela aidera les gens dans leur transformation intérieure. »*

Je lance un : « Pardon, tu peux me répéter ce qu'elle vient de te dire ? » Nicole sourit et me répète mot pour mot la dernière phrase.

— Ma cousine Diana a dû te parler de mon livre sur la communication animale ? je lui demande.

— Non, je te promets que non, Stéphane, insiste-t-elle.

J'ai du mal à y croire. Ignorant d'un revers de la main mon air dubitatif, Nicole continue :

*« Lui et moi avons une mission, nous sommes une équipe. Stéphane a toujours bien pris soin de moi. »*

Un moment de silence se fait. Nicole reprend :

*« Dis-lui que là, ce dont j'ai le plus besoin, c'est d'un endroit frais pour m'allonger. »*

La canicule s'est abattue sur Paris ces dernières semaines, et la pauvre souffre terriblement de cette chaleur.

— Achète-lui un « *cooling mat* », c'est un matelas rafraîchissant, cela la soulagera, me dit Nicole.

Je reste sans voix.

*« Plusieurs fois, je suis intervenu pour qu'il reste ancré. Qu'il ne perde pas pied dans des situations difficiles. Un jour, j'étais séparée de lui par des portes battantes. Je sentais qu'il était désemparé face à une foule qui le rendait nerveux. Nous avions fait un long trajet en voiture, il était fatigué, son dos lui faisait mal. Un homme a ouvert l'une des portes et j'en ai profité pour me faufiler avec lui. C'était une grande salle, j'ai descendu dans la pénombre des escaliers et je suis allée vers lui me mettre à ses pieds. Des gens ont applaudi. Je l'ai senti se détendre et reprendre le contrôle de son esprit. »*

*Saint-Aubin-du-Cormier !* Je m'exclame intérieurement. Je partage avec Nicole ma version de cette aventure en terre bretonne où j'ai présenté mon film. Elle n'a pas l'air étonnée et me dit que très souvent nous ne comprenons pas l'attitude d'un animal, ou l'une de ses réactions. Celui-ci cherche juste à nous faire passer un message, certaines fois même à nous recentrer sur l'essentiel. J'avais été amusé par le geste d'Electra, mais sans y voir autre chose que son envie de me rejoindre.

— Tu as une chienne indigo, tu sais ce que cela veut dire ? ajoute Nicole

— Oui. Un éducateur me l'a expliqué. J'en comprends mieux aujourd'hui toute la signification.

Je n'ai plus aucun doute sur le fait que cette chienne est venue avec une mission, celle de m'accompagner.

— Elle aimerait te dire qu'elle a aimé te guider toutes ces années et te voir évoluer.

*« Mes yeux l'ont guidé »*, poursuit Nicole en formant un énorme Oooh avec sa bouche.

— Quelle âme, Stéphane, quelle chienne ! s'exclame-t-elle à nouveau.

Je regarde Electra couchée à mes pieds. Y a-t-il vraiment un canal de communication entre Nicole et elle en ce moment ? J'ai presque envie de demander à la communicatrice d'ordonner à ma chienne de se lever et de faire un tour sur elle-même pour valider cette séance.

— Elle me dit que quand elle est tombée malade, ce que vous avez fait ensemble pour qu'elle guérisse a montré la puissance de votre lien et de votre amour aux gens autour de vous, mais aussi que cela est possible. Vous avez défié tous les pronostics, me dit-elle.

*« S'apporter de l'aide l'un à l'autre est le projet d'une vie entière »*, rajoute Electra par l'intermédiaire de la communicatrice.

Après plus d'une demi-heure de séance, Nicole me dit que nous devons arrêter. Le temps imparti s'est écoulé. Je reste sur ma faim. Nous échangeons encore quelques instants, et elle me dit de surtout ne pas hésiter à la contacter à nouveau si besoin. Quand l'écran redevient noir, j'ai l'impression de perdre mon lien invisible avec ma chienne. Comment fait-elle pour ouvrir ce canal avec l'animal ? Comment lui viennent ces informations ? Par des images ? Des sons ? Des ressentis ? Je me promets d'en faire un jour moi-même l'expérience.

J'ai appris sur mon chemin à quel point ce qui existe sur cette Terre se lie et se relie en permanence. Nous, les humains, avec le végétal et l'animal. Dans son livre *Croire aux fauves** l'anthropologue Nastassja Martin raconte qu'un vieux sage gwich'in en Alaska lui a un jour dit que « *les arbres, les animaux, les rivières, chaque partie de monde retient tout ce que l'on fait et tout ce que l'on dit et même parfois, ce que l'on rêve et ce que l'on pense. C'est pour ça qu'il faut faire très attention aux pensées que nous formulons, puisque le monde n'oublie rien, et que chacun des éléments qui le compose voit, entend, sait* ». Alors, qu'Electra, qui suit le moindre de mes pas depuis près de dix ans, puisse sonder mes pensées les plus intimes n'est pas vraiment une surprise. Trop de fois elle a anticipé mes réactions, m'a témoigné de son affection dans mes moments les plus sombres, soulagé mes douleurs physiques rien qu'en posant son museau sur mon ventre ou sur mon bras. Cela va au-delà d'une simple présence physique

* Nastassja Martin, *Croire aux fauves*, éditions Verticales, 2019.

rassurante. Cela touche notre âme. Cela provoque notre nature physique pour qu'elle s'élève et frôle l'invisible. L'amour pur. Le lien qui défie tous les pronostics cartésiens des frileux. De ceux qui pensent que ces histoires sont des contes pour enfants ou des histoires indigènes racontées le soir autour d'un feu. Il y a autre chose... Electra vient de m'en faire passer le message.

Chapitre 12

# TU ES CE QUE TU AIMES

Depuis cette séance de communication à distance, je guette les signes que pourrait me faire Electra. D'autres messages qui m'aideraient dans la compréhension de son état et de ses besoins. Elle peine à avancer quand nous sortons dans la rue. Son arrière-train s'écroule de plus en plus souvent et je dois l'aider à se relever. Elle tourne sa tête vers moi avec un regard qui me déchire le cœur. Elle semble me dire que ce n'est pas grave. L'important est qu'elle est là. Présente, en vie. Mais je vois ses forces diminuer. Je lui achète un harnais pour la soulever et l'aider à monter dans la voiture. J'ai trouvé une ostéopathe pour chien qui tente de lui redonner un peu de souplesse dans la colonne vertébrale. Elle me dit que la pauvre souffre. Elle a des becs-de-perroquet, sorte d'excroissances osseuses au niveau des vertèbres. Ce trouble, assez courant chez les chiens âgés ou atteints d'arthrose, peut entraîner différentes douleurs articulaires ainsi que des difficultés de déplacement. J'ai mal pour elle. Lors des séances, elle applique le long de son corps un laser pour diminuer les inflammations puis la manipule délicatement. Ses pattes avant se sont arquées. Cette dégradation physique générale qui s'accélère me renvoie chaque jour un peu plus à la terrible réalité de son déclin et à l'approche de sa mort. Jusqu'ici, je nous croyais invincibles. Forts à deux. Unis pour une longue et interminable amitié défiant les années à venir. Je n'arrive pas à l'accepter. Alors, plus que jamais, je vis intensément chaque instant de vie que je partage avec elle. Le moment présent, terme si abondamment utilisé dans les guides de « bien-être », devient plus que jamais mon mode de vie. C'est peut-être son dernier cadeau ? Son dernier message, pour son humain qui a tant de mal à ne pas vivre entre regrets et projections.

*

Nous vivons depuis si longtemps côte à côte que j'ai l'impression qu'elle a toujours fait partie de ma vie. Mes amis proches continuent de me charrier, me faisant souvent la remarque que je n'ai jamais eu une relation sentimentale avec une femme aussi longue. J'accuse le coup, mais j'en souris également, car ils n'ont pas tort. Dans mon quartier, Electra est devenue la mascotte des commerçants. Elle a pris l'habitude de passer derrière les comptoirs du pressing ou des cafés où nous allons. Si, par hasard, elle ne m'accompagne pas, les propriétaires ne manquent jamais de s'enquérir de sa santé. Je perçois l'inquiétude dans leurs yeux. Je les rassure, et nous revenons ensemble leur rendre visite. Cette chienne les apaise, apporte de la douceur dans leur quotidien. Je le vois aussi avec Maria, la gardienne de mon immeuble. En quelques mois, elle l'a complément subjuguée. À notre arrivée, elle nous regardait de travers. Une intruse, de plus poilue et à quatre pattes, avait investi son territoire, celui de la cour qu'elle entretient chaque jour. Différentes plantes en ornent les recoins, et les crottes des merles, qui tombent de l'arbre au feuillage persistant qui trône majestueusement au milieu, sont méticuleusement nettoyées. Petit à petit, Electra a su l'amadouer. Une approche mètre par mètre, avec un objectif de taille, la cuisine de Maria ouverte sur la cour. Les odeurs parfumées de ses recettes portugaises ont attiré ma chienne devant sa porte. José, son mari, fut le premier à l'adopter et à lui donner quelques restes de leurs repas. Les jours de beau temps, je laisse donc Electra y traîner et profiter du soleil qui lui réchauffe le corps et apaise ses douleurs. Et puis, un matin, l'ayant laissée plus longtemps que d'habitude, je sors de mon appartement pour la trouver tranquillement assise, aux pieds de Maria, le museau posé sur ses genoux. Une nouvelle victime. Le cœur de l'animal finit toujours par toucher celui de l'humain qui sait aimer.

Depuis ce jour, je laisse souvent Electra à la maison, et Maria vient la chercher pour une courte balade de quartier ou flâner avec elle devant sa cuisine. Certaines fois, quand je rentre à l'improviste, je les surprends l'une avec l'autre, Maria tranquillement assise sur le rebord de sa fenêtre, conversant avec ma chienne. C'est un soulagement, car depuis quelques semaines les promeneurs de chiens, les uns après les autres, m'ont fait comprendre que ma chienne ne pouvait plus partir en balade. S'épuisant trop vite, elle ralentissait la meute. Je n'ai plus beaucoup de solutions et, certains jours, je dois traverser Paris pour la sortir et repartir à mes rendez-vous. Je m'en veux de hausser le ton quand elle est trop lente ou quand elle n'a pas pu se retenir d'uriner sur le canapé. La colère et le désespoir sont omniprésents. Je ne peux qu'accepter. Toujours et encore. Et, quand je le fais, je ressens une étrange chose. Le lien qui nous unit perdurera. Au-delà de mon ego qui veut la retenir à mes côtés pour toujours. Au-delà de mes souffrances passées et de mes peurs d'abandon. Il le faudra.

Il le faudra, je me le répète chaque jour et pour me convaincre, je pense aux mots de Madeleine Chapsal : « *Certes, c'est un changement d'état, une entrée dans l'invisible, mais l'être, l'amour continuent.* »

Alors, comment faire pour exorciser ma peine ? J'imagine que chacun fait selon son caractère ou ses conceptions philosophiques, voire spirituelles. Roger Grenier l'a bien défini en disant que « *le grand malheur pour les animaux de compagnie – et surtout pour ceux qui les aiment – est que ce cycle de vie est plus court que le nôtre. Sa brièveté fait que nous ne pouvons pas ne pas songer à la mort*[*] ».

Ce que j'ai appris et senti par la communication faite avec Nicole est que les chiens n'ont pas le même rapport à la mort que nous. C'est à moi de changer mon regard d'humain et de plonger dans les yeux de ma chienne pour y trouver le réconfort et capter le sien. Notre dialogue est silencieux, j'ai le désir d'apprendre encore plus vite de peur de ce temps qui s'écoule inexorablement et signe notre séparation.

---

* Roger Grenier, *Les Larmes d'Ulysse*, éditions Gallimard, 1998. Prix Goncourt des animaux.

Chapitre 13

# L'INSOUTENABLE GRAVITÉ DE L'EUTHANASIE

Quand l'avion décolle de l'aéroport d'Orly en direction de Barcelone ce matin de décembre, j'ai mal dans tout le corps. J'ai laissé Electra chez une femme qui va la garder quelques jours. Elle la connaît, elle est restée chez elle plusieurs fois. Mais ces séparations, vu son état, sont de plus en plus douloureuses. Trois ans qu'elle se bat, s'accroche à la vie pour rester à mes côtés. Alors, le regard qu'elle me lance quand je la laisse se fait chaque fois un peu plus oppressant. Je sens une détresse grandissante en elle. Comme si elle avait peur de partir au pays des songes sans que je sois à ses côtés.

Quelques jours avant mon départ, j'ai tourné une séquence avec elle pour mon nouveau film *Debout**, une version longue du premier documentaire *Breathe : Yoga, un souffle de liberté*, diffusé à la télévision en 2016. J'ai pu retrouver ma professeure de yoga à Bali, après quatre ans sans nouvelles, puis partir en Israël et en

* Sortie en salles en avril 2019, Flair Production, distribué par Septième Factory.

Palestine, filmer des hommes et des femmes qui transcendent les barrières politiques et sociales par le yoga et, enfin, tourner une séquence avec Electra. Mon ami et producteur Laurent Ramamonjiarisoa m'avait un jour demandé pourquoi elle n'était pas plus présente dans le film, vu qu'il s'agissait de mon parcours de guérison et qu'elle en faisait intimement partie. Je m'étais étonné de ne pas y avoir pensé plus tôt. Quelques jours plus tard, nous étions au bois de Boulogne, caméra à l'épaule. Nous avons tourné des moments simples. L'un à côté de l'autre au bord du lac regardant les canards s'agiter sous son nez. Une scène bien différente de celle vécue dix ans plus tôt, qui m'avait valu une bordée d'insultes des passants quand elle avait plongé dans le lac à leur poursuite. Une autre séquence me montre assis sur un banc et elle, à mes pieds. Je n'avais pas osé trop lui en demander, sa fatigue était tellement visible. Sur ces images, la monteuse du film a écrit cette voix off : « De retour à Paris, je retrouve Electra. Je l'ai adoptée alors que je ne marchais quasiment pas. Sa présence m'a obligé à sortir, à l'accompagner pour des balades de plus en plus longues. Elle est devenue un coach à sa manière, m'encourageant et ne me quittant pas. Aujourd'hui, c'est une vieille dame qui peine à marcher à son tour, et c'est moi qui la soutiens et l'accompagne. »

La postproduction du film a démarré à Barcelone. J'habite dans un petit appartement dans le centre de la ville et, tous les matins, je me rends au studio pour étalonner le film. Dans l'après-midi, je suis au mixage. Le film prend corps. J'ai du mal à réaliser qu'il s'agit de mon histoire, que ce parcours est le mien. D'une certaine manière, avec la distance que donne l'écran, je prends conscience de toutes les circonstances qui se sont organisées pour me conduire à ce résultat. Steve Jobs parle de « *connecting the* *dots*[*] » et comment, quand on prend un peu de recul sur sa vie, on s'aperçoit des liens qui se sont faits d'un point à un autre de notre existence, pour en faire plus clairement apparaître tout son sens.

Je reste quelques jours à Barcelone et je dors mal. Des rêves agités, des angoisses nocturnes et l'éloignement exacerbent mon inquiétude. Plus qu'aucune autre séparation, celle-ci est pesante. « *Séparé de toi, j'ai l'impression de ne plus valoir grand-chose, de ne pas servir à grand-chose. La nuit dans les hôtels tous pareils, je n'arrive pas à m'endormir tant je me fais du souci pour toi* », écrit l'écrivain Gilles Leroy[**] lors de l'un de ses déplacements au bout du monde. Je l'ai croisé plusieurs fois avec sa fidèle chienne Zazie. Inséparables l'un de l'autre, que ce soit dans les salons littéraires, les librairies ou les studios d'enregistrement. J'avais trouvé beaucoup de points communs dans nos relations avec nos chiennes. Alors, le soir en m'endormant, j'envoie en pensée à Electra le même message que l'écrivain envoyait à sa chienne : « *Sois forte. Sois douce. Ne t'inquiète de rien. Je reviens toujours.* »

Je suis toujours revenu. Le cœur léger, anticipant nos retrouvailles, anticipant le type d'accueil qu'elle me réserverait. Joyeuse ou boudeuse. Dès que j'ai atterri, je file directement de l'aéroport

---

* Traduction : Lier les points (discours de Stanford 2005).
« *You can't connect the dots looking forward; you can only connect them looking backwards. So you have to trust that the dots will somehow connect in your future. You have to trust in something – your gut, destiny, life, karma, whatever. This approach has never let me down, and it has made all the difference in my life.* »

** Lauréat du prix Goncourt 2007 pour *Alabama Song*, éditions Mercure de France.

la récupérer à Bry-sur-Marne dans la maison où Carole la prise en pension. C'est une chienne fatiguée, à bout, qui lève doucement le regard vers moi quand j'entre dans le salon. Je m'agenouille près d'elle et l'enlace. Je lui murmure des mots rassurants. Je la caresse délicatement et la soulève dans mes bras pour la porter jusqu'à la voiture. La nuit, elle vient se coller au pied de mon lit. M'accompagne-t-elle au pays des rêves pour rester au plus près de son humain ? En tout cas, entendre son souffle, même léger, me rassure. Nos balades de quartier se font de plus en plus fréquemment, vu ses incontinences. La pauvre s'effondre littéralement sur son arrière-train chaque fois qu'elle fait ses besoins. Ses pattes arrière la soutiennent à peine. Encore quelques séances d'ostéopathie pour la soulager, mais l'évidence est brutale. Au cabinet où nous nous rendons une fois par semaine, nous rencontrons d'autres chiens et leurs humains. Silencieux dans la salle d'attente, nos regards se croisent. Nous y lisons, chez les uns comme chez les autres, une lourde résignation mélangée d'espoir et de déni. Nous ne voulons pas les laisser partir. Certains chiens se traînent littéralement sur le sol du cabinet. S'accrochent-ils à la vie par instinct de survie ? Pour rester auprès de leur humain le plus longtemps possible ?

Quelques semaines auparavant, c'est sa sœur fâchée Willie qui est partie. Elle s'est blessée en passant sous des fils barbelés. Une sale infection, suivie d'un mauvais diagnostic du vétérinaire de garde, et la pauvre s'est éteinte en quelques jours. Le soir même, j'ai rejoint ma tante chez elle et j'ai ressenti toute la douleur que ce petit être à quatre pattes si joyeux laissait après son départ. Isabelle a enterré ses cendres dans le jardin de sa maison de campagne et y a planté un petit arbuste de camélias. Je lui ai dit que le moment venu, j'y mettrai celles d'Electra. Que les deux amies restent ainsi l'une avec l'autre, qu'elles continuent de se chamailler au paradis des chiens.

Je réfute ce moment. Je l'écarte. Mais je sens planer l'ombre de la faucheuse. Alors, quand je dois repartir à Barcelone pour apporter les dernières modifications au film, le départ est déchirant. Je reste plus longtemps que d'habitude auprès d'elle dans la maison de sa gardienne. Je lui parle longuement. Je tente une communication télépathique où je visualise mon départ. L'aéroport, l'avion, l'appartement où je dors. Puis les levers et les couchers de soleil. Je les compte jusqu'à six, le nombre de jours où je reste. C'est une technique que m'a enseignée la communicatrice Nicole. Elle m'a assuré que j'avais en moi cette faculté, qu'il fallait que je m'y exerce, que les animaux perçoivent ce type de messages. Quand je me lève et lui dis au revoir, le regard qu'elle me lance me transperce le cœur. Il dit : « Reviens vite, je ne tiendrai plus longtemps, je n'en ai plus la force. »

Deux jours plus tard, un matin ensoleillé de la capitale catalane, une voix catastrophée m'appelle pour m'informer qu'Electra ne s'alimente plus et tremble de tout son corps. Carole l'a recouverte de plusieurs couvertures et tente de l'alimenter à la cuillère. Je sais. Je le ressens dans tout mon corps. C'est l'heure, et la pauvre lutte de tout son être pour m'attendre. J'ai à peine prévenu la production. J'ai pris le premier avion disponible. Dans le taxi qui me mène à l'aéroport, dans l'avion, puis dans celui qui me conduit d'Orly à Bry-sur-Marne, une nouvelle fois je lui parle télépathiquement. *« J'arrive. Ne lâche pas. J'arrive. Tiens bon. »* Tel un mantra, je le répète des dizaines de fois. Je me concentre. Je ferme les yeux et visualise nos retrouvailles. Arrivé devant la maison, je me rue dans le salon. J'aperçois un museau blanc et gris dépasser d'une montagne de couvertures. Je les soulève une à une et je découvre ma chienne en hypothermie, agitée de spasmes. Ses yeux sont révulsés. Pourtant, elle trouve la force de se blottir contre moi. La propriétaire des lieux me regarde avec compassion, une larme coule sur l'une de ses joues. Nous savons.

Dans un dernier élan de désespoir, croyant toujours à un miracle, je fonce chez mon vétérinaire de quartier. Il est plus de neuf heures du soir, et c'est un jeune interne qui me reçoit. Je dépose délicatement Electra sur la table en acier gris qui sert à ausculter les animaux. Un souvenir fulgurant traverse mon esprit. Cela ressemble à la même table sur laquelle je me suis allongé il y a douze ans avant d'être transporté en urgence à la grande garde de l'hôpital Henri-Mondor de Créteil. Je frémis. « Tout lâche, me dit-il. Reins, cœur, poumons. » Il ne comprend même pas comment elle a pu tenir ces dernières heures. Je le sais. Elle aussi. Je m'éloigne un instant et je vais m'asseoir dans une salle d'attente vide. Je prends mon portable et appelle sa marraine, son ange gardien, sa sauveuse des premiers jours, Françoise. En larmes, parlant avec difficulté, je lui explique ce qui se passe. Je hurle presque dans le téléphone :

— Je ne peux pas, je ne veux pas prendre cette décision ! Qui suis-je pour décider de lui enlever la vie ?

Françoise m'interrompt d'un ton calme et me demande si elle souffre. Oui, je lui réponds.

— Alors, prends-la chez toi, dis-lui au revoir et fais venir un vétérinaire, que cela se fasse chez elle, dans un environnement familier.

J'ai peur. Comment continuer à vivre chez moi si elle y meurt ? Sous mes yeux ? J'y penserai chaque jour. C'est impossible, je lui rétorque. Françoise insiste :

— Ne sois pas égoïste. Pense à son bien, me dit-elle.

Cela finit de me convaincre. Je prends Electra dans mes bras. Je l'enveloppe de ma doudoune et j'enroule mon écharpe autour de son cou.

Arrivé devant la maison, je sens mes forces m'abandonner. J'appelle José, le mari de la gardienne, pour qu'il m'aide à la transporter jusqu'à l'appartement. Nous traversons le hall de l'immeuble portant ensemble la mourante. J'aperçois le visage de Maria apparaître derrière le rideau de sa loge. Elle est livide et en larmes. Nous déposons ma chienne dans le salon. Je l'installe le plus confortablement possible sur son coussin. La main de José se pose sur mon épaule avant qu'il ne quitte discrètement l'appartement. Je suis seul dans cette nuit, hanté par les démons de la mort. J'ai l'impression d'être Tomas, ce jeune médecin tchèque, héros du livre de Milan Kundera, *L'Insoutenable Légèreté de l'être*, qui s'exclame devant le corps de sa chienne : « *Comment savoir à quel moment la souffrance devient inutile ? Comment déterminer l'instant où ça ne vaut plus la peine de vivre ? […] Il est si dur d'assumer soi-même le rôle de la mort !* » J'ai envie de hurler cette dernière phrase.

Je me couche à ses côtés. Je l'enveloppe de mes bras. J'installe un coussin près de sa tête et y pose la mienne. Je lui parle. Je la remercie d'être venue dans ma vie. Je lui demande pardon de m'être emporté certaines fois. D'avoir été négligent quand elle s'est retrouvée kidnappée dans ma voiture. Je m'endors quelques minutes. Je suis épuisé. Je me réveille et pose ma main sur son flanc. Elle respire encore. Mais c'est si léger. Elle tremble moins, mais son corps semble toujours lutter. Alors, je lui dis que ça va aller, qu'elle peut partir maintenant. Je continuerai de me battre et d'avancer dans la vie. Je ne me laisserai pas aller. Je le ferai en la gardant dans mon cœur, pour toujours. Mais je sens, enfoui au plus profond de moi, que je ne lâche pas. Que je n'y arrive pas. Je ne trouve pas en moi la sincérité de ce détachement. Le jour se lève. Electra est immobile. Elle lâche un léger gémissement de douleur. Et là, je sais. Je comprends. Je n'ai plus le droit de m'obstiner. Elle m'a demandé de l'aider. Tel un automate, je me lève, prends mon téléphone et compose le numéro de SOS Véto.

Le vétérinaire est installé dans l'appartement. Il l'ausculte. D'où me vient cette phrase si stupide à cet instant quand je lui demande si c'est vraiment fini ? Quelle partie en moi ne peut se résoudre à la fatalité ? Sa réponse est empreinte de gentillesse. Je ne veux pas voir l'aiguille lui piquer sa veine et voir son corps glisser dans un sac en plastique. Je passe ma main sur le visage d'Electra et je me penche à son oreille pour lui murmurer... « Merci » et je pars m'enfermer dans ma chambre. Je sais, je ressens dans tout mon être qu'elle m'a entendu. Je continue à lui parler, de mes lèvres quelques mots peinent à sortir. « Je suis juste à côté. Je t'accompagne au pays des rêves. Pars en paix. Je serai toujours là et je sais que tu seras toujours là aussi, pas loin. » Quelques minutes plus tard, j'entends la porte de l'appartement claquer. Je n'arrive pas à sortir de ma chambre. Les larmes coulent à flots le long de mes joues. Je sais ce qu'il y a de l'autre côté. Rien... Plus rien.

La nuit suivante, je fais un rêve. Electra me parle, c'est doux et précis à la fois :

*« Car c'était l'heure, mon ami, mon frère, ma moitié... J'ai tenu aussi longtemps que possible. J'ai craint que tu ne reviennes pas à temps. J'ai senti ton corps allongé contre moi cette dernière nuit. J'ai respiré ton odeur si familière depuis le premier jour où j'ai eu si peur que tu tournes les talons et ne reviennes jamais me chercher. Ne pleure plus, notre vie a été belle, pleine d'aventures. Je suis venue*

*pour t'accompagner, te guider et te soutenir dans les plus grandes épreuves de ta vie. Tu as souffert, j'ai soulagé ta douleur. Tu as été tenté, je t'ai distrait de la tentation. Tu t'es senti seul, j'ai comblé ta solitude. Tu as appris à me voir au-delà de mon animalité. Tu as développé ton humanité et regardé la nature d'un autre œil, avec ton cœur. Nous avons fait les fous. Nous avons joué. J'ai passé de nombreuses nuits au pied de ton lit à veiller sur ton sommeil. Certains soirs, j'entendais tes râles de douleur et je flairais le sel de tes larmes. Je posais doucement ma tête sur ton ventre et je sentais ton corps s'apaiser. Nous avons nagé dans la mer ensemble, nous avons médité sur les bords du fleuve. Tu es resté présent et patient. Je t'ai donné ma vie, tu étais prêt à me donner la tienne. Alors, vis maintenant. Aime. Écoute. Respire. Reste debout. Tu as mis des années à l'apprendre, des années à te relever. Je serai toujours là. Guette les signes. Je t'accompagnerai et un jour... nous nous retrouverons. Cette mort physique n'est rien. Un passage. Le moment venu, nous communiquerons, je te guiderai vers les personnes qui nous le permettront. Sois fort, sois vulnérable, sois toi...* »

Chapitre 14

# STAGE EN COMMUNICATION INTUITIVE NON VERBALE

Je ne peux habiter dans mon appartement pendant plusieurs jours. Le vide et le silence créés par son absence sont trop oppressants. Quand j'y reviens, je remarque que le parquet où Electra était allongée la dernière nuit s'est blanchi. J'ai senti qu'elle avait de loin préféré cette séparation dans notre lieu de vie que dans la froideur d'un cabinet vétérinaire. Françoise a eu raison de m'y inciter. Le soir, je n'entends plus le léger cliquetis de ces griffes qui tapotent sur le sol quand elle se déplace d'une pièce à l'autre. Avant de m'endormir, son long soupir qu'elle lâchait avant de s'effondrer au pied de mon lit me manque terriblement. J'ai du mal à vivre sans elle. Je traverse mes journées orphelin. Un manque abyssal s'est installé dans mon cœur. Une amie d'enfance, Alexia, va m'aider dans les premiers jours de ce deuil. Elle a elle-même eu plusieurs chiens et chevaux, elle comprend. J'ai besoin de me confier, j'ai besoin de partager cette douleur qui est aussi violente que celle que j'ai ressentie le jour où ma grand-mère Simone s'est éteinte. Alors, je laisse couler les larmes, j'accepte la souffrance, l'errance et tout ce que son absence fait remonter à la surface. Car je découvre qu'il y a beaucoup plus que son simple départ, il y a, derrière, le poids des deuils et des chagrins non résolus qui ressurgissent furtivement les uns mêlés aux autres.

Je passe récupérer ses cendres chez le vétérinaire et comme je me l'étais promis, je pars les enterrer auprès de Willie, sa sœur fâchée. J'arrive chez ma tante dans le village de Pressagny-l'Orgueilleux avec l'urne sous le bras. Isabelle s'est jointe à moi, et nous creusons la terre pour les enfouir. À quelques mètres de là, son mari, Claude, qui m'a conduit chercher Electra au refuge de Plaisir, nous regarde par une fenêtre de la cuisine. Je devine son émotion. Je ne pleure pas. C'est un beau symbole que ses cendres reposent non loin du cimetière du village où mon grand-père et mon arrière-grand-père sont enterrés. J'ai vécu toute mon enfance et adolescence dans cette région. J'ai sillonné ses chemins de traverse et ses forêts, grimpé à tous les cerisiers et pommiers du jardin. J'ai longé les bords de Seine en contrebas de la propriété des centaines de fois avec ma tante, Electra et Willie. Elles y seront bien. Je pourrai sentir sa présence en regardant la terre sous le camélia où nous avons dispersé leurs cendres. Peut-être un jour, je viendrai y poser une plaque sur laquelle je ferai graver le poème de Lord Byron dédié à son chien Boatswain, je remplacerai son nom par celui d'Electra.

*« Près de cet endroit/ Reposent les restes d'un être/ Qui posséda la beauté sans la vanité/ La force sans l'insolence/ Le courage sans la férocité/ Et toutes les vertus de l'homme sans ses vices/ Cet éloge, qui serait une absurde flatterie/ S'il était inscrit au-dessus des cendres humaines / N'est qu'un juste tribut à la mémoire d'Electra. »*

En repartant, prisonnier d'une lourde tristesse, une idée, ou peut-être même un message, traverse mon esprit. Il est temps pour moi d'approfondir cette notion de communication intuitive avec l'animal. Tout, absolument tout, jusqu'ici m'y a conduit. Il faut nécessairement que j'en fasse l'expérience par moi-même.

*

Un jour d'octobre, je me rends au Salon du livre de Paris pour dédicacer mon nouveau livre *Écoute**. Une enquête de plusieurs années qui m'a mené à plonger dans l'univers fascinant de tout ce qui touche aux sons de notre planète. En approchant ce thème de communication avec le vivant, je me suis engagé dans une direction proche de certaines techniques de communication avec les animaux. Mais ce que je découvre en m'arrêtant au stand des éditions du Souffle d'Or et en feuilletant *Dialogues avec l'animal et le vivant*** me fait comprendre qu'une grande partie de ce que je cherche est bien plus vaste. Car il est question de communication animale, bien sûr, mais aussi d'autres approches autour de la science, du spirituel, de l'éducation et de la nature. Il s'agit en fait d'un collectif*** créé par des défenseurs du monde animal et végétal qui ont réuni plusieurs spécialistes pour une journée de conférences à la Maison de la Radio et de la Musique. Page après page, je me délecte des partages des différents intervenants.

---

* *Op. cit.*

** Intuiteurs sans frontières, *Dialogues avec l'animal et le vivant*, éditions Le Souffle d'Or, 2019.

*** Intuiteurs sans frontières est une communauté de scientifiques, éthologues, philosophes, enseignants, juristes, journalistes, communicateurs animaliers et représentants de sagesses traditionnelles autour du thème de la communication inter-espèces, www.intuiteurs.org.

Experts des chevaux, des dauphins, des chats ou même des plantes, avec des témoignages puissants appuyés de thèses écrites aussi bien par des scientifiques, des vétérinaires, que par des éthologues, c'est une véritable mine d'informations pour le néophyte que je suis.

Je découvre qu'ils travaillent sur des tas de projets et programmes précurseurs éclairant la communication inter-espèces, ses implications pour notre espèce humaine et pour nos relations avec les autres espèces non humaines.

D'ailleurs, la phrase d'accroche de leur site en dit long : *« L'espoir de l'homme ne doit plus se tourner vers le futur, mais vers l'invisible. »**

Je les contacte et ouvre ainsi la porte que je cherchais à tâtons depuis des mois. Après plusieurs rencontres avec Romain Brasseau, puis Bénédicte Fumey et Sylvie Robert, je comprends l'ampleur et la force de leurs actions, collaborant avec des intervenants qui travaillent aussi bien avec les animaux en milieu carcéral, en centres spécialisés pour enfants non verbaux que dans le rapprochement des humains avec la vie sauvage. Romain Brasseau a lui aussi eu une révélation lors d'une communication avec son chat Malo. La communicatrice lui a révélé, comme pour moi avec Electra, un monde nouveau qui a transformé sa vie et l'a dirigé vers cette « mission » de transmettre au public notre relation au vivant. Chacun d'entre eux tient un rôle spécifique qui donne la force et la cohésion de leur association. Bénédicte Fumey, passionnée par le développement soutenable, a ouvert la porte du monde végétal, et Sylvie Robert, grâce à son parcours de photographe et cinéaste animalier en Afrique australe, a fait

* Christiane Singer.

le lien entre l'animal sauvage, l'homme et les urgences liées à leur cohabitation.

C'est fascinant. Je découvre des mots comme « écologie spirituelle », « médiation animale », « communication subtile », qui peuvent amener l'humain à changer son regard sur l'animal. Je comprends après chacun de nos rendez-vous à quel point Electra m'a ouvert à ce monde et m'a permis de commencer par l'effleurer, de l'envisager, puis d'y plonger corps et cœur entiers. Des femmes et des hommes peuvent enfin aujourd'hui conduire des expériences intuitives avec les espèces vivantes non humaines qui communiquent autrement que par le langage verbal.

J'ai envie de partir au Kenya rencontrer Astrid Clavé-Letourneur * qui travaille avec les éléphants, de plonger au large des côtes bretonnes avec Frédérique Pichard** à la rencontre des dauphins, d'assister aux brames des cerfs en Aveyron avec Laurence Dugas-Fermon*** et... de faire un stage en communication intuitive inter-espèces avec Corinne Dupeyrat.

*

Quelques mois plus tard, je suis en route vers la Normandie. J'ai réservé ma place à un stage de communication animale, sans attente, sans *a priori*, je suis juste curieux de comprendre

---

* Dre Astrid Clavé-Letourneur, *Les Animaux sont ma famille – Regard d'une vétérinaire sur la communication animale*, Edilivre, 2016 et *Les Éléphants nous appellent à agir*, éditions Le Souffle d'Or, 2020.

** Frédérique Pichard, *Dauphins ambassadeurs*, préface d'Edgar Morin, Democratic Books, 2010.

*** Laurence Dugas-Fermon, *Rêve de béluga*, éditions L'Œil de la Femme à Barbe, 2017.

et d'approcher cette forme télépathique, quasi magique de communication, dont Nicole s'est servie pour échanger avec Electra. Depuis que je pratique le yoga et la méditation, que j'ai pu également approcher et travailler avec le monde du son, je suis beaucoup moins sceptique sur cette faculté. Ma vie avec ma chienne me l'a prouvé des dizaines de fois et je n'ai aucun doute qu'eux peuvent se « brancher » sur les fréquences que dégagent nos émotions. Mais comment faire dans l'autre sens ?

Je conduis et traverse le bocage normand non loin de Honfleur et à quelques kilomètres du refuge de « La Dame Blanche ». J'aime cette région verte et vallonnée sillonnée de pommiers et de haras. C'est le printemps et j'ai ouvert en grand les fenêtres de ma voiture. De temps à autre, je regarde dans le rétroviseur, espérant y entrevoir une truffe au vent encadrée de deux oreilles virevoltant dans les airs. Elle me manque. Nous avons fait tellement de route ensemble. Sa présence sur la banquette arrière me rassurait. Mécaniquement, je passe le bras droit derrière moi, espérant le contact avec sa truffe humide généralement suivi d'une grosse léchouille sur ma main. C'est un geste idiot, désespéré, mais j'aime à croire qu'elle est encore là et qu'elle m'accompagne.

J'arrive dans le petit village de Triqueville. Les maisons aux façades barrées par de larges poutres et les toits en chaume définissent parfaitement ce lieu de carte postale normande. Au détour d'un virage, je débouche sur une petite église avec, en contrebas, le repaire de Corinne Dupeyrat.

À ma descente de voiture, je suis accueilli par un gros chat blanc qui vient se frotter à mes jambes avant de repartir aussitôt.

— Tu viens de rencontrer Bluemoon, elle vient de te souhaiter la bienvenue, me lance une voix derrière moi.

Je me retourne et aperçois la maîtresse des lieux qui m'accueille avec un large sourire qu'illuminent ses grands yeux bleus.

La cinquantaine, les cheveux châtain clair attachés en queue-de-cheval, un nez fin et un beau regard qui inspire d'emblée la sympathie et la confiance.

Corinne m'invite à prendre le thé dans sa typique chaumière normande et profitant du temps que nous avons avant l'arrivée des autres stagiaires, je lui demande des détails sur ce qui va se passer aujourd'hui. Elle rigole devant mon air dubitatif, devinant sûrement mon scepticisme.

— Tu viens de faire la connaissance de ta première médiatrice animale, ma chatte blanche que l'on surnomme aussi Mimi. L'autre ne va pas tarder à arriver, c'est l'heure du boulot pour eux ! me dit-elle.

Je rigole à mon tour et lui demande un peu narquois s'ils parlent aux humains.

— Oui, me répond-elle, et ils aiment ça ! Ils comprennent que l'on peut se mettre sur la même longueur d'onde qu'eux pour engager un dialogue.

Reprenant mes quelques connaissances en sonothérapie, je lui réplique qu'il s'agit donc de se mettre sur la même fréquence qu'eux. Nous, les humains, nous sommes la plupart du temps en ondes bêta alors que les animaux sont en ondes alpha.

— Il faut donc se mettre dans un état quasi méditatif pour avoir des chances de communiquer avec eux ?

— Oui, exactement, me répond-elle, ils le savent, comme beaucoup d'autres animaux domestiques, mais ils ne le font pas, car ils savent qu'on ne les entend pas, elle fait une pause et ajoute… Qu'on ne les entend plus surtout.

— J'ai pu remarquer avec ma chienne Electra, qui est restée à mes côtés durant treize années, à quel point elle se « branchait » sur moi. D'un changement d'attitude ou juste d'une légère différence dans l'intonation de ma voix, elle pouvait capter mon état émotionnel. Mais, apparemment, nous avons perdu la faculté de le faire avec eux ?

— Oui, me répond Corinne, et les scientifiques ont fait fausse route en essayant de décrypter le langage des dauphins ou en apprenant à un gorille la langue des signes. On essaie de leur inculquer le nôtre ou de ne comprendre que leur langage animal audible. Mais cette faculté de communiquer intuitivement avec toute forme de vie, on l'a en nous, car nous faisons tous partie du vivant. Simplement, nous l'avons oubliée. Le langage intuitif non verbal et l'invisible font partie de notre vie en permanence.

Je souris. Je sais à quel point elle a raison. Cela me rassure, je me sens en territoire connu et, surtout, je commence à saisir le travail qui se profile. Je suis curieux de ce don qui paraît se rapprocher de ceux nés avec des facultés médiumniques. Je lui demande si elle l'a senti depuis son enfance.

— Non, me dit-elle, par contre, je ressentais depuis toute petite que j'avais quelque chose de différent et qu'il fallait que je le découvre. En grandissant, connaître quelle était ma mission de vie s'est fait de plus en plus pressant. Je faisais fréquemment des rêves avec des animaux, alors, utilisant ma fibre artistique ainsi que ma pratique de cavalière, je me suis penchée sur le sujet. Il fallait apprendre à surtout utiliser sa concentration et ses ressentis physiques, car c'est en grande partie cela, la communication intuitive. Laisser de côté le mental et se concentrer uniquement sur ses perceptions, ses ressentis intérieurs afin d'oublier ce qui nous entoure, ce qui nous distrait et nous éloigne de l'essentiel.

J'ai une vague sensation de « déjà-vécu » quand, à l'aube de mon premier cours de yoga dans un monastère zen en Allemagne, j'ai senti qu'en m'initiant à cette pratique un nouveau monde allait s'ouvrir à moi. J'en fais part à Corinne et lui demande à quel moment elle a senti qu'elle pouvait transmettre ces techniques et si elle s'est sentie légitime dès le début.

— J'ai toujours aimé transmettre, me dit-elle. En équitation, je suis arrivée à un assez haut niveau et je me suis sentie un peu seule. Mais j'avais en moi ce profond désir de passer les clefs aux autres et de les accompagner. De plus, on me l'a demandé, et c'est venu naturellement. Je ne me présente pas comme une professeure, mais je souhaite juste partager mon expérience et ma façon de pratiquer. Après, c'est à chacun d'avancer, finit-elle par me dire.

Je trouve dans ses mots un écho à ceux entendus au travers des enseignements que j'ai reçus, et surtout à ceux exprimés par nombre de passeurs que j'ai croisés sur ma route ces dernières années. La clef est par là. La transmission. L'écoute de l'autre, le lien et l'apprentissage, qu'ils soient chez les peuples premiers ou chez les Occidentaux, ils doivent pouvoir se perpétuer.

Je suis curieux de savoir si la jeune génération de vétérinaires ou d'éthologues est attirée par cette pratique. Ma filleule Alexandra est partie étudier l'éthologie à Beauvais, et je sens son intérêt grandir pour tout ce qui touche à la communication animale. Son amour pour les animaux la guide, et je guette le moment où elle franchira cette porte, car beaucoup résistent encore.

Corinne me dit que c'est normal, car tout un univers fondé sur le matérialisme s'effondrerait, et cela leur fait trop peur.

— Par contre, certains cherchent à être informés et à apprendre des solutions complémentaires pour soigner les animaux. Un sanctuaire de chimpanzés en Guinée m'a récemment demandé de participer à une mission d'accompagnement.

Je le fais en collaboration avec une vétérinaire sur place. J'ai été mise en relation avec un chimpanzé qui a de gros troubles du comportement avec des symptômes graves d'automutilation. La vétérinaire a tout essayé, des médicaments à d'autres techniques médicalisées, mais rien ne l'a soulagé. Quand j'ai pu communiquer avec lui, j'ai compris qu'il avait perdu sa mère, sûrement massacrée par des braconniers. Il avait une grande souffrance en lui et il avait besoin d'être rassuré. J'ai fait mon travail.

Je suis soufflé par ce que me dit Corinne, car encore une fois, cette communication se fait à distance, sans la présence de l'animal auprès du communicateur. Elle devine à mon air dubitatif que cela me semble difficile à appréhender. Je lui dis que je me suis ouvert au concept le jour où Nicole, une communicatrice animale qui vit aux États-Unis, est entrée en contact avec ma chienne que j'avais à mes côtés dans mon bureau parisien. Elle sourit et poursuit en me disant que l'équipe de soigneurs a très vite remarqué que le chimpanzé avait arrêté de s'automutiler, quelques jours après la prise de contact.

— Ils étaient très troublés, ajoute-t-elle, mais depuis ils me demandent régulièrement de collaborer avec eux. Aider des êtres à aller mieux donne un véritable sens à ma vie, c'est pourquoi je fais ce métier.

Je lui partage mon pessimisme quant au peu d'écoute qu'a notre humanité concernant la condition animale qui se détériore à vue d'œil sur notre planète. Mais elle n'est pas d'accord et considère plutôt que nous avons une « voie sacrée » qui s'ouvre à nous. Pour elle, nous avons connu des guerres et autres catastrophes, mais nous nous en sommes toujours sortis.

**— L'être humain est comme un enfant qui apprend à marcher et qui se casse la figure. De plus en plus de personnes**

**ont soif de beauté, de bien-être et sont prêtes à ouvrir leur esprit à cette magie qui les entoure**, me dit-elle en faisant un large geste qui semble pointer en direction de la nature qui nous entoure.

J'entends le crissement de pneus sur le gravier du chemin qui mène à sa maison. Ce sont les premiers autres stagiaires qui arrivent. Corinne se lève et part les accueillir. J'en profite pour aller faire quelques pas dans le jardin devant la maison. Une belle pelouse descend jusqu'à une rivière. Tout ici respire le calme et la bienveillance. Je m'attendrais presque à voir une fée ou un elfe surgir de derrière un arbre. Je rêve d'un nouveau compagnon à quatre pattes à mes côtés et aussitôt ma chienne me manque cruellement. C'est une douleur lancinante qui me fait sentir, chaque fois qu'elle s'installe, le poids indélébile de son absence. Un léger frottement le long de ma jambe me sort de mon spleen. Je baisse le regard et rencontre celui d'un gros matou de couleur poivre gris. C'est sûrement Berlioz, l'autre chat « médiateur » de Corinne. Il me fait peut-être comprendre qu'il est temps de faire le deuil de ma chienne et, surtout, pour le moment, de retourner à sa maison commencer le stage. Nous remontons vers la chaumière l'un à côté de l'autre, puis il disparaît. Tous les stagiaires sont arrivés et sont installés dans le salon. Chacun se présente, je suis étonné par la diversité des profils.

Il y a Nadine, une retraitée qui vit entourée d'animaux, Adeline, une jeune étudiante venue de l'est de la France qui a besoin de mieux connecter avec sa jument, Frédérique, ancienne cadre dans une banque qui suit aujourd'hui une formation de réflexologue, et enfin Claude, très sceptique sur cette petite réunion d'amis des animaux, mais qui a dû accompagner sa femme Marina qui cherche à régler ses problèmes avec leur chat. Chacun se présente et raconte les circonstances qui les ont poussés vers cette envie d'apprendre des techniques de communication inter-espèces. En dehors de Claude, clairement sur la réserve, tous sont déjà persuadés de la possibilité d'une communication avec leurs animaux. Les histoires sont toutes empreintes de bienveillance et sont extrêmement touchantes. Le rôle qu'a endossé chacun de leurs animaux est clairement thérapeutique et surtout très révélateur de leur parcours familial, d'une part, et de leur état émotionnel, d'autre part.

Frédérique a ainsi pu sortir d'un burn-out en prenant des cours d'équitation. Les exercices en manège lui ont fait vaincre sa peur des chevaux et elle a senti un lien se créer avec l'animal. Après des années à travailler dans une banque avant de se tourner vers des thérapies alternatives, elle sait qu'elle reste très formatée par un cadre de vie rigide, mais elle a un véritable désir de s'en extraire. Adeline, quant à elle, cherche à travailler son intuition pour se rapprocher de sa jument. Très liée à son frère, elle a récupéré le chat de celui-ci et a trouvé en lui un vrai complice. L'animal est mort il y a quelques semaines, elle est encore sous le choc, elle a encore beaucoup de mal à en parler. Marina se lance malgré le regard moqueur de son mari. Adoptée par des parents très stricts qui l'empêchèrent de réaliser ses rêves de danseuse, elle a développé une grande complicité avec les chats et en a aujourd'hui deux. Elle s'est aussi mise à monter à cheval, ce qui lui apporte beaucoup d'assurance et en a déduit que son cheval Dakota lui enseigne la fermeté, ce dont elle manque dans la vie. Je me trouve être le seul élément masculin en apprentissage dans ce groupe et je n'en suis qu'à moitié étonné. Dans mes cours de yoga, au centre où je pratique, c'est la même chose. Il semblerait que cette sensibilité féminine dont on a besoin pour pénétrer dans ce monde subtil fait défaut à beaucoup de mes congénères. Heureusement, les choses semblent changer et les résistances enfouies au tréfonds de ceux qui hésitent encore à franchir le pas s'effritent avec les années, en témoignent les messages de plus en plus fréquents sur les réseaux sociaux. Les clichés s'effacent, laissant place à une nouvelle génération moins machiste et plus à l'écoute de son intuition.

Pour commencer le stage, Corinne demande à chacun d'entre nous de tirer une carte d'un jeu intitulé *Le Langage secret des animaux**. J'en prends une au hasard et je la retourne. Un dessin représentant une souche de bois enlacée par une liane y figure. C'est un symbole représentant le bois, en dessous du dessin est écrit : « *Croissance, connexion, soutien, renouveau.* »

Un petit livret accompagne les cartes et décrit chacune d'entre elles. Corinne me demande de lire à voix haute la mienne, je m'exécute :

— « *L'Arbre de Vie est un symbole sacré dans presque toutes les cultures. Avec ses racines qui descendent dans la terre et ses branches qui s'élèvent dans le ciel, l'arbre est l'*axis mundi, *le pont entre le ciel, la terre et le monde souterrain.* » L'Arbre du yoga ! je ne peux m'empêcher de m'exclamer.

Corinne n'est pas étonnée par ma réaction, elle connaît mon parcours avec cette pratique. Les stagiaires, eux, me regardent, étonnés. Je continue, captivé par ce que je lis et découvre :

— « *Avec l'énergie de l'arbre, le Bois nous enseigne beaucoup de choses sur les cycles de la vie, sur le pouvoir du renouveau, la possibilité de faire croître de nouvelles pousses.* »

Après cette description, la page suivante est précédée du titre *Message*, je continue :

---

* Créé par Chip Richards et illustré par Jimmy Manton, éditions Véga, 2015.

— « *Quand l'élément Bois vous appelle, c'est pour vous inviter à suivre les pas des sages avant vous. Comme les grands mystiques l'ont fait au fil des âges, on vous encourage à rechercher le conseil des arbres. Ils vous donnent accès à la présence divine et à un sens accru du but. La communion avec l'élément Bois est une communion avec les grands cycles de la vie. C'est l'âme du monde qui invite votre âme. Acceptez votre cadeau. Une nouvelle énergie, une nouvelle inspiration, une nouvelle croissance et une profonde sagesse attendent que vous les partagiez. Tout ce que vous avez besoin de faire, c'est de dire oui et de répondre à l'appel.* »

Je m'arrête quelques instants dans ma lecture, assez bluffé par ce que je viens de lire. Mon désir de transmission est tellement fort depuis la sortie de mon film au cinéma que j'ai enchaîné de nombreuses conférences à travers l'Europe. Cette nouvelle mission s'est faite de manière de plus en plus urgente et monopolise tout mon être.

Ce qui suit va s'avérer tout aussi juste. Je continue, totalement hypnotisé par le texte qui se dévoile sous mes yeux :

— « *La meilleure manière de découvrir un talent sur le point d'être révélé par l'élément Bois, c'est de prendre le temps de vous promener, de vous asseoir, de jouer, de dormir et de rêver parmi les arbres. Cherchez un arbre spécial qui vous parle. Posez les mains et la poitrine contre son tronc et sentez son pouls tranquille. Laissez sa sagesse murmurante imprégner votre être, ouvrant de nouveaux passages pour la pensée et les visions qui croissent en vous.* »

Il y a quelques années, ma professeure de yoga Thérèse, lors de mes premiers stages en Allemagne, m'avait tenu les mêmes propos alors qu'elle m'avait demandé d'enlacer un arbre et de sentir son énergie. Je lui avais ri au nez. Les années ont passé, et j'ai pu dépasser ma vision matérialiste et rationnelle pour comprendre le pouvoir de la nature et l'importance de se connecter à elle. Les voiles se sont levés les uns après les autres, et je peux aujourd'hui saisir l'importance de la signification du texte que je lis. Je poursuis, oubliant que je monopolise le temps et l'attention du groupe :

— « *Prenez le temps de contempler les saisons de votre parcours. Veillez à rejeter les vieilles peaux quand le moment est venu ; à refléter votre énergie intérieure quand l'instant vous y invite ; à ne jamais cesser de favoriser les nouvelles idées et l'inspiration et à compléter le cycle de vos visions en partageant votre fruit avec le monde et en plantant les graines de nouveaux possibles dans le cœur de ceux qui vous entourent.* »

Un « Wow ! » sort de ma bouche qui fait sursauter mes voisins. Je me tourne vers Corinne et lui dis que tout cela décrit exactement le sens que je suis en train de donner à ma vie. Je brûle de partager avec le plus grand nombre les bénéfices qu'apportent le yoga et d'autres pratiques, ainsi que la science quantique qui, depuis une dizaine d'années, appuie par de formidables découvertes scientifiques ce que l'homme connaissait déjà il y a des siècles !

Je pose le livret et reste en silence quelques instants. Les autres participants me regardent, mi-fascinés-mi-amusés. Corinne prend la parole et raconte une partie de son histoire personnelle qu'elle vient de me confier en privé. J'apprends également que ce n'est qu'au XVI^e^ siècle que le philosophe anglais Thomas Hobbes contredit Descartes en clamant que l'animal est capable d'émotions. Il rajoutera dans son roman *Léviathan* que « *là où il n'est pas de parole, il n'y a ni vérité ni fausseté* ». Ce qui prend sens si l'on considère que l'homme n'utilise pour s'exprimer que sept pour cent de langage verbal, le reste étant les gestes, les intonations, les expressions faciales et les phéromones*. Nous allons donc plonger dans ce stage par une tentative de communication entre deux esprits, deux consciences grâce à un échange purement intuitif. Corinne enchaîne avec une citation de Mark Twain qui semble résonner pour chacun d'entre nous autour de la table : *« Il n'y a que la vanité et la désinvolture de l'homme pour croire qu'un animal est muet parce que nos perceptions limitées ne nous permettent pas de l'entendre. »*

Elle patiente quelques secondes, puis nous explique que la communication animale est une forme de langage émis et reçu *via* les ondes de notre cerveau. Cela demande une finesse exacerbée des sens, qui se travaille et s'améliore avec de l'exercice, comme pour apprendre une langue étrangère. Il va donc falloir se mettre sur la même fréquence qu'eux. Car si le cerveau humain fonctionne sur les fréquences des ondes bêta la plupart du temps, les animaux, eux, sont alignés sur des ondes alpha qui correspondent à des états de conscience modifiés ou méditatifs. À nouveau, ces mots résonnent en moi.

Depuis mes avancées dans le monde du son et les nombreuses découvertes que j'y ai faites, j'ai appris à rejoindre ces états par différentes techniques. La méditation, la respiration et la visualisation en sont les clefs. Je remarque que tous les participants, même Claude, commencent à prêter une attention accrue aux paroles de Corinne. Elle continue :

---

* Substance chimique comparable aux hormones, émise par la plupart des animaux et certains végétaux, et qui agit comme vecteur d'un message entre les individus d'une même espèce. Ce composé sémiochimique transmet aux autres organismes des informations qui influencent la physiologie et les comportements.

— Pour effectuer une communication intuitive, l'être humain doit s'aligner sur la fréquence animale pour parvenir à échanger des informations. À volonté, il nous est possible de faire cette gymnastique et de passer des ondes bêta aux ondes alpha, puis de revenir sur la fréquence naturelle de notre cerveau bêta, un peu comme si nous rejoignions la phase de sommeil paradoxal en étant éveillés et conscients. Nos cerveaux comprennent intuitivement, de façon instantanée, les informations émises et reçues en les adaptant aux références connues de l'un et de l'autre. Le langage intuitif est un langage universel, car il ne se comprend pas avec des mots, mais avec des ressentis intérieurs.

Corinne nous informe également que notre glande pinéale joue un rôle primordial dans cette communication intuitive du fait de sa position centrale dans l'encéphale. Elle a chez l'humain la forme d'une pomme de pin et se trouve juste au-dessus de l'aqueduc de Sylvius dont Descartes pensait qu'il guidait ce qu'il appelait « les esprits animaux ». Chez le fœtus, à partir de sept semaines, et jusqu'à la naissance, la glande pinéale libère du DMT (N-diméthyltryptamine) qui est un médiateur des états modifiés de conscience chamanique, des psychoses ou de la méditation profonde. Je souris, car je comprends l'importance de cette glande qui n'est autre que ce que l'on nomme le troisième œil dans la tradition yogique et qui correspond au sixième chakra.

Nous approchons du moment où chacun d'entre nous va se lancer dans l'exercice pratique. Avant de le faire, Corinne nous donne encore quelques conseils pour surtout prendre notre temps et éviter toutes pensées parasites. Pour cela, nous devons commencer par nous ancrer, calmer notre respiration, monter en fréquence (elle nous donne l'image d'un ascenseur) et fermer les yeux après nous être bien représenté l'animal grâce à une photo ou en ayant bien en tête ses caractéristiques physiques s'il est présent. Nous pourrons ainsi visualiser un lieu où nous lui donnerons rendez-vous et le dialogue pourra commencer à s'instaurer.

Il y a plusieurs canaux qui sont utilisés afin de recevoir les messages de l'animal avec lequel nous souhaitons communiquer, à chacun d'entre nous d'utiliser celui ou ceux qui nous correspondent le mieux : la claire voyance est le plus utilisé, il s'agit le plus souvent d'images fixes ou de courts films, comme les fragments d'un rêve. La clairaudience qui perçoit les pensées, les mots, les sons ou les musiques. La clairsentience qui peut nous faire ressentir les émotions, les sensations physiques ou même de l'empathie. La clairconnaissance, quand une idée s'impose de manière évidente et que rien ne parvient à la rejeter*.

Pour ce tout premier stage, Corinne nous demande de le faire avec les animaux présents, ses deux chats, Mimi la chatte blanche et Berlioz, le gros matou qui est venu me rendre visite près de la rivière. Ils sont habitués et aiment coopérer avec les humains.

Je tourne la tête vers Claude, mon voisin de gauche, et je surprends une scène amusante. Affichant depuis le début un sourire narquois, il vient de se faire fusiller du regard par sa femme, Marina. Comme un mauvais élève pris en faute, il ferme les yeux et se résigne à jouer le jeu. Notre hôtesse nous prévient également qu'il est possible que nous nous demandions parfois si nous avons réellement communiqué avec l'animal, ou si c'est notre imagination qui nous joue des tours. C'est la première information qui est juste.

---

* Extraits de « *Communiquez de manière intuitive avec votre animal* », Corinne Dupeyrat, Rustica Éditions, 2021 (site : www.connexion-intuitive.com).

— Ne réfléchissez pas trop, faites-vous confiance, ne laissez pas votre ego ou vos peurs interférer pour donner un aspect rassurant et rationnel, nous dit-elle. À la fin de la communication, il s'agit de vous déconnecter en douceur de l'animal en imaginant deux bulles de lumière, une pour lui et une pour vous et de les séparer avec vos mains ou un objet tranchant de votre choix.

Je regarde de nouveau Claude et je me demande s'il ne va pas en profiter pour faire cet exercice avec sa femme, Marina ! Je suis à deux doigts d'exploser de rire. Corinne a dû me repérer.

— C'est à vous ! lance-t-elle à l'attention de notre petite assemblée et peut-être plus particulièrement à la mienne afin que je me recentre. Et n'oubliez pas, pour clore la connexion, de vous imaginer redescendre tout le long de votre corps pour venir planter vos pieds à nouveau solidement dans le sol, et surtout remercier pour l'aide qui vous a été apportée.

Alors que je ferme doucement mes yeux, je vois deux ombres filer le long de mes pieds sous la table, les assistants à quatre pattes se sont manifestés.

La séance dure plus d'une demi-heure. Chacun a eu son expérience et ses ressentis. Nadine s'est trouvée avec Berlioz dans un grand champ, il lui a communiqué qu'il aimait bien aller se reposer sous un arbre large et volumineux. Elle n'a pas réussi à garder le contact plus longtemps. Claude ose s'exprimer et avoue qu'il n'a rien vu. Corinne lui dit qu'il a fermé son cœur, que c'est sans doute pour ça qu'il n'a pu entrer en communication avec lui. Il ne faut pas hésiter à lui parler, à le rassurer et à visualiser qu'on serre le chat contre soi. Il n'a pas le temps de répondre que sa femme, Marina, prend la parole et décrit une scène étonnante où Berlioz l'attendait au bord d'un ruisseau. Il l'a invitée à se promener avec lui et ils ont longé ensemble une clôture. Elle lui a demandé quel était son rôle dans sa maison, il lui a répondu qu'il était là pour protéger Corinne et ses proches. Je me lance à mon tour et décris la scène qui s'est très clairement imposée à moi. Berlioz m'a emmené dans une sorte de visite virtuelle de sa maison. J'étais tel un elfe accroché à son dos et nous avons grimpé les escaliers qui mènent au premier étage. Nous avons pénétré dans une chambre et il a bondi sur le lit où une large couverture faite de patchworks de motifs colorés était étendue. Il a ensuite fait un autre bond pour atterrir sur une large commode de couleur noire et m'a fait comprendre qu'il aimait s'y tenir. Comme Nadine, je n'ai pas réussi à garder le contact « télépathique » plus longtemps, et je suis revenu, rattrapé par mes pensées rationnelles.

Je monterai à l'étage un peu plus tard et je découvrirai sur le lit de la chambre d'ami la couverture visualisée en séance, ainsi qu'une lourde commode ancienne de couleur noire adossée contre le mur. Voilà pour mon besoin de preuve tangible de ne pas m'être perdu dans des délires.

Corinne me confirme que j'ai bien réalisé une première communication inter-espèces et que, comme je l'ai fait de nombreuses fois en yoga, c'est un exercice à répéter des dizaines et des dizaines de fois pour en affiner les perceptions. Nous faisons une deuxième séance avec la chatte Mimi comme médiatrice. Encore une fois, nous avons tous différentes images qui nous viennent à l'esprit. De mon côté, je n'y arrive plus, et cela m'agace. Mon mental tourne en boucle, rien à faire. Je décide de ne pas insister et juste de rester présent et d'apprendre. En prenant un peu de recul, je comprends d'où surgissent mes résistances et ce qui me bloque. Je sais qu'il me faudra répéter cet exercice de nombreuses fois pour y arriver, et là, je coince. Je n'ai aucun animal avec qui le faire par la suite. La douleur laissée par l'absence d'Electra dans ma vie m'a submergé à nouveau. Ce sont mes pensées parasites.

Pour clore les exercices pratiques, chacun des participants a apporté une photo de l'animal avec lequel il souhaite communiquer. Les histoires d'Adeline et de Nadine sont les plus touchantes. Adeline nous confesse qu'elle est atteinte d'une endométriose et que cela l'empêche de monter sa jument. Corinne décide de l'accompagner dans sa communication. Je vois sa main trembler alors qu'elle se concentre sur la photo de son cheval, une larme coule le long de sa joue. Je ressens toute sa souffrance.

— Elle me dit qu'elle ne veut plus avoir le rôle de me remonter le moral en permanence, murmure Adeline.

— Laisse-la être en liberté avec toi, lui répond Corinne.

— C'est vrai, j'ai remarqué que le lien est différent quand je suis à terre dans l'enclos avec elle, dit Adeline en souriant pour la première fois.

— Elle veut t'apporter de l'aide, lui souffle à l'oreille la communicatrice.

— Je le sens bien, mais c'est moi qui veux trop être dans le contrôle, finit par lâcher Adeline en larmes.

Quelques instants plus tard, c'est Nadine qui exprimera toute sa fragilité quand elle communiquera avec son ânesse et qu'elle comprendra que celle-ci ne souhaite qu'une seule chose, avoir plus d'attention et trouver sa place au milieu des autres animaux qui l'entourent.

En finissant notre journée, je ne peux qu'une fois encore saisir toute la beauté et la force du lien qui nous unit au règne animal. Nos émotions sont captées avec une telle finesse de perception par nos compagnons qu'apprendre à les écouter et à engager un dialogue est essentiel. Je sais que beaucoup y sont encore hermétiques. J'hésite souvent à en parler autour de moi. Depuis que j'ai commencé ma pratique du yoga, j'ai appris à mes dépens de ne pas tenter de convaincre l'autre. De juste planter une graine et de la laisser germer ou non. Même si des scientifiques comme Sheldrake ont pu démontrer le lien qui existe entre les êtres humains, les animaux et leur environnement, même si des centaines de témoignages et de tests montrent l'existence d'un inconscient collectif qui nous influence et que nous alimentons avec nos pensées, nos émotions et nos comportements, le chemin reste long pour convaincre que nous faisons tous partie d'un seul et unique ensemble… celui d'un champ énergétique universel.

Avant de clore notre stage, Corinne nous remercie et nous demande si nous avons quelque chose à ajouter, une question à poser, qu'elle puisse éclaircir avant notre départ. Nous restons tous en silence, sauf Claude qui ne peut s'empêcher, bravant le regard foudroyant de son épouse, de soulever que tout cela est encore loin d'être prouvé. Corinne lui répond que nous n'en sommes pas si loin. Un programme existe aujourd'hui pour permettre aux militaires de développer leur intuition. La Marine américaine a lancé en 2013 « Enhancing Intuitive Decision Making Through Implicit Learning », dirigé par des neuroscientifiques pour tester et améliorer les capacités intuitives des militaires en mission. L'idée est venue au gouvernement après avoir pris connaissance de multiples témoignages de soldats basés en Irak et en Afghanistan rapportant des sensations inexpliquées de danger imminent confirmées sur le terrain. Claude se tait et reste à ruminer dans son coin. Combien d'autres comme lui ont peur de s'ouvrir et de regarder au-delà de ce qu'ils connaissent, au-delà de leurs pensées rationnelles ?

Alors que tous les participants sont partis, Corinne et moi nous promenons dans le jardin et je lui fais part de la difficulté de partager ces techniques avec d'autres. Elle me dit que quand elle a commencé sa formation il y a quinze ans, elle n'osait pas en parler de peur d'être prise pour une folle comme le docteur Dolittle*. Elle a l'impression que désormais l'évolution se fait, car l'être humain a de plus en plus besoin de se reconnecter à la nature. Il se pose de plus en plus de questions concernant sa place sur la planète et, du coup, sur le rôle qu'il peut y jouer. De ce fait, les gens se penchent sur l'écoute et la communication avec leur animal de compagnie et de manière plus large, avec les animaux sauvages.

Je l'écoute en regardant furtivement vers le fond du jardin. J'ai cru apercevoir une ombre bondir au-dessus de la rivière. Je jurerais que j'ai vu ma chienne, jeune et pleine de vie, poursuivant un canard. Je ne peux m'empêcher de partager cette vision avec Corinne et de lui demander si l'on peut communiquer avec les animaux décédés. Elle me répond que bien sûr cela est possible. Alors, cela sera la prochaine étape, j'ai désormais l'intime conviction qu'Electra n'est pas loin et qu'elle a encore des messages à me faire parvenir.

---

* Durant la Première Guerre mondiale, depuis le front, Hugh Lofting écrit à ses enfants pour les divertir et pallier son absence. En observant le courage des chevaux et mules souvent blessés ou tués sur le champ de bataille, il imagine le personnage du docteur Dolittle, défenseur de la cause animale.

Chapitre 15

# LES CHEVAUX DES HAUTS PLATEAUX

Impossible de la rater avec sa grande crinière brune, sa démarche décidée et l'étui en peau de son tambour chamanique accroché en bandoulière sur son épaule. Je suis assis devant un terminal de l'aéroport d'Orly attendant le départ de mon vol pour Rodez. Entre deux confinements*, je me suis inscrit au stage de Laurence Dugas-Fermon qui a lieu en Aveyron. Il s'agit d'un stage en communication avec des chevaux, mais également, chose étonnante, avec des cerfs. C'est la période du brame et il est possible d'approcher ce majestueux animal dans un parc qui lui est dédié en Aveyron. Depuis ma rencontre avec Kenzo au refuge de « La Dame Blanche », je n'ai eu de cesse de penser aux cerfs, et pouvoir en approcher un à nouveau, avec une guide, est un rêve qui devient réalité. Cet animal revêt un symbolisme puissant à travers l'Europe entière, fait de légendes et d'anecdotes stupéfiantes qui attisent notre imaginaire depuis des siècles.

---

* Mesures liées à la pandémie de Covid-19 en 2020.

Dans le petit avion à hélices qui décolle pour le sud-est de la France, je m'assieds à côté de Laurence. Très vite, elle me confie son admiration pour les cerfs, « dont les bois les relient à l'énergie du cosmos », me dit-elle. Je comprends qu'elle est très connectée à la nature, au vivant, mais aussi à ce qu'il y a après la mort, car elle accompagne des animaux dans leur passage dans l'au-delà et guide leurs humains pour accueillir cette séparation avec une grandeur d'âme qui les élève et les soulage. Nicole Birkholzer, qui m'a permis de recevoir les premiers messages de ma chienne, puis Corinne Dupeyrat m'ont toutes deux confié avoir également ce don.

Très jeune, Laurence côtoie la mort quand, à l'âge de huit ans, elle perd sa sœur atteinte d'une malformation cardiaque. Puis ce sont des oiseaux qui se mettent à lui parler et un chat qui va devenir son confident et devient « son phare dans la nuit », me dit-elle alors que notre avion perce les nuages et embrasse les rayons du soleil. Comme un instant suspendu hors du temps, elle me récite le poème de René Char : *« Au plus fort de l'orage, il y a toujours un oiseau pour nous rassurer. C'est l'oiseau inconnu. Il chante avant de s'envoler. »*

Les animaux lui donnent le goût de la vie et l'envie d'en apprécier chaque instant. Après s'être également initiée au reiki*, elle se met à en utiliser les techniques pour accompagner certains d'entre eux dans leur fin de vie.

C'est en avril 2015 qu'elle a fait une expérience bouleversante. Au quatrième jour d'un stage qu'elle a fait en communication

* Technique d'harmonisation énergétique d'origine japonaise.

intuitive avec Anna Evans*, sa petite chienne décédée quelques mois auparavant est entrée en communication avec elle. Stupéfaite d'avoir cette faculté de lien avec un être dans « l'au-delà », elle comprit qu'une transformation profonde a eu lieu en elle. Cela se confirme quand, le dernier jour du stage, l'une des participantes lui demande de retrouver son chien disparu. À l'aide d'une photo, elle le visualise et entre en communication avec lui pour découvrir qu'il est agonisant sur le bord d'une route. L'animal lui dit alors : « Tu m'as trouvé. » De nouveau, elle se concentre, se penche sur lui, le réconforte et lui dit que quelqu'un va venir l'aider. Mais très vite elle comprend que si elle est entrée en connexion avec lui, c'est pour l'accompagner dans sa mort. C'est ce qu'elle fait en apposant les mains sur son corps, jusqu'à ce qu'il le quitte vers la lumière. *« La mort n'est pas le contraire de la vie, mais peut-être sa condition fondamentale »*, finit-elle par me dire, citant Louis-Vincent Thomas le créateur de la thanatologie**.

Alors que l'avion amorce sa descente, Laurence me dit qu'à l'arrivée c'est son amie Adeline qui vient nous chercher pour nous conduire chez elle où vivent les chevaux avec lesquels nous débuterons le stage. De belles synchronicités ont rapproché les deux femmes qui ont pu organiser ces rencontres entre humains et chevaux, puis ont également convaincu le propriétaire du

---

* La Dr Anna Evans est enseignante depuis le début de sa carrière sur le thème du respect de l'animal, dans le monde vétérinaire, puis auprès du grand public. Elle a notamment formé plusieurs milliers de personnes à la Communication Intuitive.

** Regroupement de tous les savoirs théologiques, philosophiques et scientifiques relatifs à la mort.

parc de cervidés de Saint-Hubert de pousser l'aventure plus loin avec les cerfs.

*

Après une heure de voiture, nous arrivons chez Adeline. De pure souche aveyronnaise, elle s'est orientée il y a peu de temps vers des techniques de massage et de guérison. Elle habite une large bâtisse qui surplombe une belle vallée et a fait construire une yourte à une centaine de mètres de sa demeure dans laquelle elle donne ses soins. Elle vit ici avec ses deux filles, ses deux chiens, ses chats et ses trois chevaux que j'aperçois dans la prairie en contrebas. Même de loin, je les trouve imposants.

J'apprends que ce sont des Mérens, ou plutôt des « chevaux de Mérens », rectifie Adeline. Elle m'explique qu'ils sont originaires de la vallée de l'Ariège dans les Pyrénées centrales. Ce sont des chevaux rustiques à la belle robe noire, souvent utilisés pour l'entretien écologique des régions montagneuses grâce à leurs pieds sûrs. « Leur race remonte à la nuit des temps, sans doute à la préhistoire ! » me lance-t-elle alors qu'elle dépose son lourd chargement de provisions sur la table de la cuisine. Je découvre également que leur robustesse les a conduits à être utilisés pour tirer les canons des armées napoléoniennes durant la campagne de Russie, mais, fait plus grave, ils ont été élevés pour leur viande dans les années soixante-dix. Au bord de l'extinction, ils furent, fait étonnant, sauvés par des bandes de hippies qui s'installèrent dans les petits villages de l'Ariège et qui en reprirent l'élevage.

Notre petit groupe de stagiaires s'est formé, tous assis en tailleur autour de Laurence. Une nouvelle fois, la présence masculine est réduite, il n'y a que moi et Laurent, un ancien journaliste au

*Monde des religions* ; il prépare un livre sur les différents rites chamaniques. Certaines des femmes présentes ont traversé la France pour venir, de Strasbourg ou de Corrèze, elles ont parfois mis plusieurs jours pour arriver jusqu'à la maison d'Adeline. Cela en dit long sur leurs désirs de se rapprocher de la nature, des animaux et de la possibilité de communiquer avec eux. Salomé, une jeune étudiante vétérinaire, me touche particulièrement, tant son désir est fort de sortir des sentiers battus et d'un apprentissage académique très encadré en espérant transmettre à ses amis étudiants ces techniques de communication inter-espèces.

Laurence nous demande de tirer un galet plat d'un sac en tissu couleur pourpre. Dessus y sont dessinés des animaux, représentant notre animal accompagnateur ou animal totem. Je retourne la face dessinée de mon galet et découvre le rapace nocturne, le grand-duc. Laurence me sourit et me dit qu'elle n'est pas étonnée que cela soit lui, il traverse les mondes, de l'obscurité à la lumière. Il observe, il entend, il voit, il perçoit au-delà des apparences l'ombre au plus profond de chacun. C'est un psychopompe qui absorbe toute magie bénéfique avec cette faculté d'intégrer l'observation en conscience.

— Psycho quoi ? je l'interromps, intrigué par ce terme qui semble plus désigner un médicament contre les acidités d'estomac qu'un don magique.

— En mythologie, reprend Laurence, le dieu psychopompe (en grec littéralement « guide des âmes ») est celui qui conduit les âmes des morts et les accompagne dans la nuit jusqu'à la lumière. Dans certaines traditions chamaniques, on utilisera pour cela des tambours ou hochets réalisés à base de peaux et de plumes de certains animaux comme les cerfs, les chevaux ou encore les chouettes qui aideront le passeur. Chez certains peuples sibériens, le chaman sacrifie un cheval pour qu'il parte avec le défunt et l'emmène dans l'au-delà en lui servant de monture.

Dans un premier temps, nous allons apprendre à établir une connexion avec les trois chevaux qui broutent paisiblement dans le pré qui longe la maison. Une fois ce premier enseignement reçu et le contact établi avec eux, nous serons prêts pour aller à la rencontre des cerfs. Laurence nous précise que le cheval a une double symbolique liée aux différentes mythologies. Il est originellement associé « aux ténèbres du monde chtonien surgi des entrailles de la terre et des abysses de la mer ». Porteur de vie ou de mort, il est lié au feu destructeur et triomphateur et à l'eau nourricière*. Puis, à travers les siècles, il passe de la représentation d'un cheval noir à celle d'un cheval blanc aérien coursier céleste et représente la monture des dieux, des saints et des héros. Laurence nous précise que, comme pour beaucoup d'animaux, le cheval est capable de percevoir bien au-delà du langage verbal humain, ce qui facilite l'apprentissage à l'équithérapie ou à d'autres types de thérapies avec l'animal**.

Elle nous demande de nous allonger et de nous détendre au son du tambour chamanique qu'elle tient au-dessus de nos têtes. J'ai fait quelques initiations de ce type à Bali avec un chaman qui nous avait conduits dans des torrents pour nous purifier et nous laisser aller au rythme du bruit des cascades et des bols chantants. Quelque chose pesait sur moi depuis des semaines. Après mes

---

* Les divinités grecques chthoniennes ou telluriques sont des divinités anciennes qui ont contribué à la formation du panthéon grec.

** Extraits du mémoire de Laurence Dugas-Fermon : « *Accompagner la mort de l'animal* », CCI, 2015-2016.

maladies, je pensais qu'il s'agissait de symptômes pathologiques, mais en même temps une sensation étrange m'habitait, comme si un sort ou une entité occupait mon corps. De peur de paraître pour un fou auprès de mes proches, je n'en avais jamais parlé. Mais à la suite de cette journée, je m'étais senti beaucoup plus léger. Le maître de cérémonie m'avait alors confirmé que deux entités s'étaient « accrochées » à mon esprit et alourdissaient mon existence de leur présence.

J'ai ma propre conviction sur cet événement pour l'avoir partagé avec d'autres dans le même état que moi. Ce monde des esprits est pour moi, et pour beaucoup d'autres, un royaume invisible qui joue sur nos destins d'humains. Certains sont favorables à notre évolution, d'autres sont néfastes. Dans certaines traditions ou coutumes, dans certains rites, il peut souvent s'agir de l'esprit des défunts, comme on le retrouve dans le culte japonais, le shintoïsme, le culte des ancêtres des Chinois ou encore chez les musulmans qui considèrent qu'une fois mort l'individu n'est pas vraiment mort et continue à entendre et voir tout ce qui se passe. Il vaut mieux rester bienveillant à son égard, en pensées ou en paroles !

Je me laisse bercer au rythme sourd du tambour de Laurence et me laisse voyager, espérant trouver dans mon état semi-conscient un grand-duc ou un cheval venu visiter les méandres de mon esprit, portant un message à mon intention. La sonnerie d'une cloche me sort de ma rêverie. J'émerge doucement entre les corps encore allongés de mes voisines, Salomé, l'étudiante, et Lydia venue soigner sa peur viscérale des chevaux. Après cette cérémonie initiatique, c'est le moment de les rencontrer. Pour cela, Laurence a organisé un petit test. Chacun d'entre nous doit tirer d'un chapeau qu'elle nous fait passer un petit bout de papier sur lequel sont inscrits les noms des trois chevaux, les deux juments Pauline et Norma, le mâle Seshan. Je tire Norma.

Quand nous arrivons dans le pré, l'un des chevaux est déjà présent devant nous, comme s'il savait que nous arrivions. Intrigué, je m'avance vers lui. Je n'ai pas peur des chevaux. J'ai eu l'occasion dans mon enfance de les monter en manège ou même plus tard dans le désert égyptien. Mais là, j'avoue que celui-ci m'impressionne. Je m'arrête un instant et l'observe. Il dégage une impression de densité, de robustesse et une certaine noblesse. La tête est étonnamment expressive, distinguée avec un profil très légèrement concave, un front plat et large, des oreilles courtes bien dessinées, des yeux sortis très vifs à l'expression douce et soulignés d'arcades sourcilières légères. Je m'en approche un peu plus, alors que Laurence me demande de ne pas hésiter et de passer doucement ma main sur son poitrail. Il est ample, ouvert et profond avec un garrot large et peu élevé. À peine ai-je posé la paume de ma main dessus que je ressens toute sa puissance, mais aussi sa docilité. Je n'ai jamais approché un cheval de cette façon.

Je me tourne vers la communicatrice, le regard interrogateur, elle comprend.

— C'est Norma, me dit-elle, elle est venue t'accueillir.

Hasard, coïncidence ? Je suis déstabilisé par cette « synchronicité psychique », terme utilisé par C. G. Jung. Il passa une partie de sa vie à l'étudier, l'appelant un « archétype. » Situés à la frontière de l'esprit et de la matière, les archétypes déclenchent des synchronicités en opérant comme une espèce de miroir entre l'état psychique et l'univers objectif extérieur*. « *Une sorte de*

* Théorie de l'inconscient collectif.

*conscience supérieure à laquelle sont reliées nos consciences personnelles* », expliquait le médecin psychiatre.

Alors, je lâche et j'abandonne ma tête contre celle de Norma. Je caresse sa robe noire zain et je sens ses poils fins, serrés et brillants. Laurence s'est approchée de moi et me glisse dans l'oreille que la jument est venue me transmettre un message, celui de faire confiance, que d'autres animaux vont venir me guider pour mon projet. Je la crois. Je sais que mes pas sont guidés, que je suis là pour une raison. Je plonge plus loin dans cet état de connexion quasi méditative avec Norma, je ressens du vent caresser mon visage. Je suis transporté au bord d'une plage. L'air de la mer me remplit les poumons et une main féminine se pose sur mon cœur. Le prénom Léa envahit mon esprit alors que le mot amour résonne en moi. La grâce d'une rencontre. Cette jument est venue me rappeler de continuer d'avancer, mû par cette énergie, par cette ouverture du cœur.

À quelques mètres de moi, Lydia, l'une des stagiaires, approche à petits pas de la clôture de l'enclos. Je l'aperçois trembler de tous ses membres. Elle a partagé dans notre cercle de méditation du matin sa peur viscérale des chevaux. Laurence se dirige vers elle, la prend par la main et, tout en douceur, la fait pénétrer dans l'enclos. J'admire son courage. L'animal est imposant par sa taille de près d'un mètre cinquante au garrot et ses cinq cents kilos de solide musculature.

Les deux femmes s'arrêtent un instant. Notre attention à tous est concentrée sur Lydia alors que Laurence lui demande de s'ancrer dans la terre et de respirer calmement. Sa panique est palpable. Nous retenons tous notre souffle, attendant à tout moment de la voir craquer et repartir en courant. Mais non, Lydia avance encore d'un pas, puis d'un autre soutenue par la communicatrice. Le temps est suspendu. Je suis toujours contre Norma, ma main posée sur son flanc droit, non loin du cœur. Elle tourne légèrement la tête dans leur direction, et j'aperçois à quelques mètres d'elle le mâle Seshan s'avancer vers les deux femmes. J'entends ses lourds sabots se poser l'un après l'autre sur le sol. Il approche très tranquillement, mètre par mètre, pour s'arrêter à quelques centimètres de la tête de Lydia. Un vent léger s'est levé qui fait onduler sa longue crinière. Laurence attrape le bras de la stagiaire téméraire et accompagne délicatement sa main, qu'elle pose sur l'encolure courte et large du mérengais. Tout son corps est encore parcouru de tremblements, mais elle continue de respirer posément et de rester près du cheval.

Laurence lui demande alors de présenter la paume de sa main juste sous son museau. Seshan baisse doucement la tête et y souffle de l'air par ses narines. Je l'entends de là où je suis, la scène est irréelle. D'un coup, le corps de Lydia se relâche, elle ferme les yeux et se met à pleurer. Nous sommes tous émus, l'énergie de cette communion entre la femme et l'animal se propage dans notre groupe. Le lien s'est fait par cette respiration en conscience qui existe chez les animaux, qui leur permet de se relier aux êtres.

Un peu plus tard, assis tranquillement avec Laurence devant le poêle de la maison d'Adeline, je lui demande si elle pense que certains animaux peuvent arriver dans la vie d'un humain avec une mission.

— Oui, me répond-elle, ces rencontres ne se font pas par hasard.

**Elle les appelle des « animaux miroirs », ce sont de grands enseignants et ils sont là pour faire évoluer leurs humains. Certaines fois, ils vont même jusqu'à prendre leur maladie.**

Je partage avec Laurence une partie de mon histoire avec Electra. Elle n'est pas étonnée et me dit qu'elle avait rencontré une femme dont la chienne était morte d'un cancer alors qu'elle, était en rémission.

— Je n'ai aucun doute, poursuit-elle, sur le fait que beaucoup d'entre eux sont très empathiques à notre égard et que pour réussir à communiquer avec eux il faut absolument se mettre sur le même diapason. Je remarque durant les stages que mon travail finalement ne fait que souligner ce que les participants ont déjà ressenti. Au début, ils n'osent pas le verbaliser, puis cela devient une évidence. Tu as vu aujourd'hui comment Seshan a accompagné Lydia pour transcender ses peurs ? Comment il l'a rassurée, apaisée ? On a tous en nous cette capacité, elle existe dès l'enfance, mais nous la perdons au fil des années par peur du regard des autres.

Comme le souligne l'association Intuiteurs sans frontières à laquelle collaborent Corinne Dupeyrat et Laurence, « *être indifférent à la souffrance animale dans l'enfance prépare à être indifférent à la souffrance dans sa vie d'adulte. L'animal ne sert pas qu'à bercer l'enfant, il structure son aptitude à éprouver de la compassion envers l'autre et le prépare à vivre en société* ».

Les autres stagiaires nous retrouvent et nous formons un dernier cercle de méditation avant d'aller nous coucher. Chacun a retenu une belle leçon de cette journée de communion avec les chevaux. Lydia semble motivée pour retourner dans l'enclos dès le lendemain. Étonnant. Je monte à l'étage m'allonger dans le lit superposé du haut dans la chambre des enfants d'Adeline, exténué. Au pied du lit, Laurent s'installe un matelas de fortune. Nous rigolons comme deux étudiants devant l'incongruité de nos couchages. Pourtant, quelques minutes avant de nous endormir, il me prévient, un peu gêné, qu'il lui arrive de parler pendant la nuit. Il s'en excuse par avance et ajoute qu'il se peut qu'il parle fort et dans une langue étrangère. Je m'en étonne et il me répond que c'est comme s'il était « visité » pendant son sommeil. Je ne dis rien et m'endors difficilement, m'attendant à tout moment à voir un fou démoniaque hache à la main hurlant des mots sataniques au-dessus de mon lit. Naviguant dans un demi-sommeil, je l'entends parler à voix haute une langue étrange qui pourrait se rapprocher du russe ou du polonais. Pas rassurant. Cela ne dure que quelques minutes. Je me retiens de le réveiller, pensant que cela pourrait être aussi dangereux que de réveiller un somnambule en pleine crise. Je laisse passer. Cela se reproduit plusieurs fois dans la nuit. Au réveil, je lui dis que cette nuit fut une expérience assez étonnante, entre *Amityville* et *Evil Dead* ! Il rigole et présente des excuses. Il ne sait pas d'où cela vient, il a juste appris qu'il parle un ancien dialecte bulgare. Je ris et je me dis que vu ce que je suis en train de vivre, c'est une expérience comme une autre, tant que je ne finis pas découpé en sashimi.

Après un petit-déjeuner frugal, Laurence nous conduit à nouveau vers l'enclos des chevaux. Elle nous explique que ce n'est seulement qu'en se donnant la possibilité de regarder pleinement les animaux « dans leur vivant » et dans leur dimension spirituelle que l'on peut leur permettre de se réapproprier leur nature profonde. Pour elle, ce sont vraiment ses partenaires et elle se dit souvent que c'est plutôt elle, et non pas eux, qui est à leur service pour accompagner les autres.

Un peu plus tard dans la journée, une nouvelle scène étonnante a lieu. Salomé, la jeune étudiante vétérinaire, a cette fois-ci tiré, avant de pénétrer dans le pré des chevaux, un papier avec le nom de la jument Pauline. Alors que nous nous avançons à leur rencontre, je remarque que l'autre jument, Norma, puis le mâle Seshan, s'arrêtent de brouter et se dirigent droit vers nous. Pauline reste immobile sous le chêne en contrebas, nous tournant le dos. Salomé descend vers elle et tente de s'en approcher. La jument s'écarte et part s'isoler un peu plus loin. Malgré plusieurs tentatives, le manège se répète. Laurence sent que quelque chose ne va pas et décide de s'isoler avec elle quelques instants. Elle tente une communication. Quelques minutes plus tard, elle revient vers nous et nous explique qu'elle s'était mise à l'écart, car elle ne se sentait pas à la hauteur pour faire le travail que l'on attendait d'elle. Je n'en reviens pas. Pourtant, un peu plus tard dans l'après-midi, après une nouvelle communication avec Laurence, la jument se joint à notre groupe et c'est elle qui s'investira le plus avec les participants. Preuve que chez l'animal, comme chez l'humain, le sentiment de sous-estime de soi existe. Parfois, quelques paroles, un geste suffisent pour nous faire reprendre confiance.

Je n'oublierai jamais ces instants vécus avec ces chevaux. Une nouvelle fois, je saisis l'extraordinaire sensibilité de l'animal et son besoin d'appartenir, tout autant qu'il existe chez les femmes et les hommes de tout âge. Après cette nouvelle journée de pratique en communication intuitive, j'ai plus que jamais l'intime conviction que les animaux portent bel et bien un regard sur nous.

## Chapitre 16

# LE BRAME DU CERF

Le lendemain soir, nous nous réunissons comme de coutume autour du poêle qui trône au centre du salon. Nos visages sont faiblement éclairés par les flammes qui dansent dans son âtre et l'on entend le léger crépitement des bûches. Tout autour de nous, ce n'est que silence. D'une voix douce, Laurence nous explique que les cerfs que nous allons rencontrer au petit matin ont eu un rôle puissant de « passeurs d'âmes » dans la mythologie celte.

— Ils sont peints dans les grottes dès le paléolithique, nous dit-elle, et on retrouve leur présence symbolique à travers toute l'histoire du christianisme. Certaines divinités sont souvent représentées les chevauchant comme saint Édern en Bretagne armoricaine ou capable de se métamorphoser en eux comme saint Patrick en Irlande. S'ils ont tant été chassés, précise-t-elle, c'est qu'ils ont longtemps symbolisé le fait que les rencontrer signifiait également rencontrer les esprits de la forêt.

C'est par le biais de notre hôtesse Adeline qu'elle se lie d'amitié avec Jean-Paul Olivier, le propriétaire du parc animalier de Saint-Hubert. Laurence y débarque à l'improviste avec son amie en plein milieu de la période du brame.

— Un daim mâle de trois ans venait de tomber les bois, une plaie de plusieurs centimètres s'était formée sur le sommet de son crâne et saignait. L'odeur du sang avait sûrement dû être à l'origine de la bagarre générale avec les autres daims, nous dit-elle, alors que nous restons en silence assis en cercle autour d'elle. Beaucoup d'entre eux étaient blessés et certains s'étaient éloignés pour se mettre dans de l'eau afin de panser leurs blessures. J'ai proposé à Jean-Pierre d'essayer de les approcher et d'utiliser mes dons de visualisation et des techniques de reiki pour les soulager. Il m'a regardée, sceptique, dit-elle en riant, d'autant plus qu'une femelle daim blanche venait de recevoir un sale coup dans la cage thoracique. Il ne pensait pas qu'elle passerait la nuit. Pourtant, il m'a laissée faire. Le lendemain, nous sommes retournés les voir et, à sa grande surprise, la daine allait mieux, elle a d'ailleurs pu avoir un petit faon quelques mois plus tard. Jean-Paul n'a plus jamais regardé les animaux de son parc de la même manière, et c'est cela qui compte, arriver à changer nos regards sur eux.

*

J'ai du mal à m'endormir cette nuit-là. Je n'ai plus peur de mon voisin et de ses réveils d'exorciste « bulgare », mais j'anticipe la journée du lendemain. Depuis ma rencontre avec le cerf Kenzo au refuge de « La Dame Blanche », je rêve de renouveler la rencontre. Prendre le temps d'être avec lui, sur son territoire et ressentir toute sa puissance.

De bonne heure, nous prenons la route en direction du parc de Saint-Hubert. Plus nous nous en approchons, plus je guette une silhouette de cerf qui pourrait se dessiner entre les arbres d'une des collines qui jalonnent la région. Nous quittons la départementale après avoir dépassé la ville de Rodez et nous nous enfonçons dans une épaisse forêt aux chemins boueux. Après quelques minutes de route, l'entrée du parc apparaît et tout juste en avons-nous franchi l'entrée que je l'aperçois au loin. Au sommet d'une colline verte, à l'orée des bois dénudés, sa forme majestueuse se dessine sur fond de ciel bleu. C'est irréel. Il est immobile, les bois dressés vers les nuages. Je sors de la voiture et m'avance, caméra au poing. Je mets un téléobjectif puissant et regarde dans le viseur de l'appareil photo. Je devine les marques de boue sur son pelage gris vert, j'ai envie de tendre la main et de le toucher. Caresser son poil comme je l'ai fait avec la jument Norma. Ma main gauche se tend dans l'air comme si je pensais pouvoir l'atteindre.

— C'est la période du brame, les approcher, c'est possible, les toucher, impossible, me dit une voix derrière mon dos.

Je baisse mon appareil et me retourne avec sûrement l'air d'un enfant pris en flagrant délit la main au-dessus d'un pot de confiture, car le propriétaire des lieux me regarde avec un sourire amusé. Jean-Paul s'avance vers moi, main tendue. Je tends la mienne, et nous nous ravisons en échangeant un regard complice, en temps de pandémie de Covid-19, les poignées de main, accolades ou pire, embrassades, sont bannies.

Visage émacié, larges yeux bleus, une silhouette fine et nerveuse, cet homme défend, protège et surveille une grande famille de cervidés depuis plus de trente ans. Laurence et les autres participants nous rejoignent et nous entrons dans ce qui ressemble à un chalet de montagne. C'est ici qu'il reçoit des clients venus de toute l'Europe admirer les cerfs et les daims. À quelques dizaines de mètres de là, j'aperçois quelques baraquements faits de rondins, sites d'observation privilégiés, offrant une vue imprenable sur le parc et ses animaux. Adeline nous a préparé un repas simple que nous avalons avec hâte, pressés de partir explorer le parc.

Mais avant, j'en profite pour m'isoler quelques instants avec Jean-Paul pour lui demander à quand remonte sa passion pour les cerfs. Le ton de sa voix, la douceur de son regard et de ses gestes me rappellent son homologue du refuge normand. Comme s'il fallait avoir ce calme intérieur, cette fragilité alliée à un solide ancrage pour gagner la confiance des animaux et continuer ce travail de préservation des espèces malgré les difficultés. Car, à ce moment-là, cela fait près de six mois que nous vivons dans un climat de peur et de confinements successifs. Comment arrive-t-il à survivre ? Comment les animaux subsistent-ils ? Je repense à Paul de La Panouse que j'ai eu brièvement au téléphone qui a dû fermer son parc de Thoiry et n'a reçu quasiment aucune aide de l'État. Je ne peux qu'imaginer l'enfer que cela doit être également pour le refuge de « La Dame Blanche ». Pourtant, Jean-Paul me sourit, à l'aise, empreint d'optimisme et de joie.

— Mes grands-parents habitaient en Sologne, toute mon enfance a été bercée par des histoires de cerfs. Je suis tombé dans la marmite ; adolescent déjà, je voulais vivre avec eux. Des années plus tard, après douze années à travailler pour la même entreprise suivies d'un an de chômage, j'ai décidé d'acheter un cerf avec deux biches, chacune avec son petit faon. Puis c'est arrivé assez vite. Deux, quatre, huit, dix... ils ont proliféré, et j'ai réussi à introduire d'autres espèces. Sur les trente hectares du parc que je possédais, mouflons, lamas, cerfs blancs et daims se sont tous adaptés les uns aux autres. Aujourd'hui, j'ai presque mille bois au printemps, me dit-il d'un air fier.

— Le public était au rendez-vous ? je lui demande.

— Oui, étonnamment, beaucoup de locaux sont venus par curiosité, et le bouche-à-oreille s'est répandu jusqu'aux écoles et aux maisons de retraite. Ce sont les enfants qui continuent de m'étonner. Dernièrement, c'est une petite fille qui m'a posé une question que l'on ne m'avait jamais posée en trente ans. Elle m'a demandé si quand une biche allait avoir son bébé, on pouvait savoir si cela serait un petit garçon ou une petite fille.

Son visage s'illumine quand il me dit cela. C'est communicatif, je me mets à sourire avec lui. Laurence nous a rejoints, c'est l'heure. Je n'ai aucune idée de quelle manière nous allons nous rendre auprès des cerfs. Hier soir, dans un demi-sommeil, j'ai imaginé ramper ventre à terre dans l'herbe et m'approcher d'eux en silence. J'ai également pensé qu'il devait y avoir des tentes postées à divers endroits stratégiques et que nous allions rester à l'affût dedans des heures entières, scrutant leurs moindres mouvements à travers une fente étroitement ouverte sur l'extérieur. Alors, quand nous escaladons une gigantesque roulotte et que Jean-Paul s'installe au volant de son tracteur, je ne peux m'empêcher de trouver le moyen amusant et original. Il m'invite à m'asseoir à côté de lui et, malgré le brouhaha du moteur, nous continuons à échanger.

— On va voir s'ils se laissent approcher, c'est encore la période du brame. Il y a longtemps, je faisais du pistage d'animaux blessés, c'est là que je les ai découverts en milieu naturel. Une fois sur trois, ce sont des blessures légères, et ils peuvent s'en sortir, mais trop souvent, c'est plus grave, et il faut les achever. Réguler leur population, c'est une chose, mais on ne peut plus les chasser comme des lapins. Il faut les respecter, ce sont des animaux nobles.

À peine a-t-il achevé sa phrase que j'aperçois un troupeau de cerfs sur le haut de la colline qui nous fait face. Ils sont majestueux, leurs têtes et leurs bois se tournent lentement de gauche à droite en nous observant. Autour d'eux, quelques biches les suivent d'un pas léger et gracieux.

— Tu arrives à tous les reconnaître ?

— Oui, tous. Chaque cerf a des bois différents et, tant qu'ils les ont, même à deux ou trois cents mètres de distance, je sais qui ils sont. Si les bois sont tombés, c'est à la couleur de leurs yeux que j'arrive à les reconnaître.

— Tu as mis du temps à les apprivoiser ? je lui demande alors qu'il arrête son tracteur à quelques mètres d'un magnifique cerf aux bois blancs.

Je le fixe du regard. Je suis hypnotisé. Sa tête tournée de trois quarts, il me regarde à son retour. C'est fort. Je n'ai jamais plongé mon regard dans celui d'un animal sauvage aussi longtemps. Je reste immobile et silencieux. Le léger craquement d'une branche écrasée par le sabot d'une biche le fait sursauter, il détale. Jean-Paul se penche sur mon épaule et me dit doucement…

— Tu comprends maintenant ?

J'acquiesce silencieusement d'un geste de la tête.

— Certains cerfs me font confiance au bout de seulement sept ou huit ans. Jour après jour, ils se rapprochent et puis un matin on arrive à les toucher, voire à les caresser autour des yeux et des oreilles. Certains acceptent d'avoir des enfants sur leur dos, comme on peut le voir faire en Mongolie ou en Laponie. Du jour au lendemain, ils se donnent d'eux-mêmes. Récemment, une jeune fille de treize ans qui venait tous les jours de son centre d'équitation a réussi à en monter un pendant au moins une demi-heure, sans selle, à cru.

— J'imagine que pas mal de gens doutent de ce rapport que l'on peut avoir avec eux ?

— Oui, bien sûr, mais ce n'est pas grave, car de belles histoires continuent de se produire au parc. Il y a un an, un centre pour non-voyants est venu avec plusieurs de ses pensionnaires. Une dame voulait absolument toucher un cerf. On l'a aidée à descendre de la roulotte, un cerf s'est approché, elle a pu tendre la main vers lui et le caresser pendant presque dix minutes. Il a dû sentir quelque chose de très sensible chez cette femme, car il s'est laissé faire sans broncher.

C'est le moment que choisit Laurence pour venir me chercher. Elle est en bas du tracteur et à peine en suis-je descendu qu'elle me tend un foulard noir qu'elle me demande de mettre autour de mes yeux. Tous les participants de notre stage se sont alignés à quelques mètres devant la roulotte, chacun les yeux bandés.

— À vous de laisser vos sens vous guider et guider l'animal vers vous, nous dit-elle. C'est cette communication-là qui touche l'animal, car il sent que vous êtes vulnérable et sans jugement.

Je jette un coup d'œil rapide à gauche et à droite, on dirait une scène de duel, tous postés un bandeau noir autour des yeux à quelques dizaines de mètres d'un troupeau de cerfs et de biches. Je remets mon foulard en place, le noir se fait. Il n'y a pas de peur, juste une légère appréhension. Je me rappelle mon premier contact avec le cerf Kenzo, sa nervosité, sa puissance et la dangerosité de ses bois qui passaient à quelques centimètres de mon corps. Mais là, je n'ai plus de repères visuels, il faut que je plonge en confiance dans l'exercice, qu'ils ne sentent aucune once de peur, seulement de la bienveillance. Et c'est ce qui se passe. Je m'ancre dans la terre et je laisse mon ouïe me guider. Je sens des sabots frôler l'herbe et se rapprocher. C'est léger, à peine perceptible. Ce sont des biches. D'autres sons me proviennent sur ma gauche, ou peut-être juste devant. J'ai du mal à trouver un repère. Cette fois-ci, le pas est lent, assuré. Un cerf s'approche. Il passe non loin de moi, j'en suis sûr. Je ne bouge pas. Le mouvement semble s'arrêter. Est-il face à moi ? Me regarde-t-il ? Je décide de me concentrer sur cette présence. De lui parler d'une voix intérieure, télépathique. Je me présente, je lui dis que je suis venu le voir en paix sur son territoire. Je le remercie de m'y accueillir. Une image puissante s'impose à mon esprit. Son museau s'approche de mon front, à l'endroit du troisième œil, une porte s'ouvre. Combien de temps cela dure, je n'en sais rien. C'est la voix de Laurence qui me sort de cet état de légère transe, demandant au groupe de remercier le cerf et de le laisser partir. J'entends les sabots fouler le sol et s'éloigner.

Je retire mon bandeau pour apercevoir la croupe du majestueux animal s'éloigner et rejoindre le reste de son troupeau. Je suis sans voix. Le fait le plus étonnant est qu'en remontant dans la roulotte nous partagerons nos ressentis entre participants, trois d'entre nous ont visualisé exactement la même chose. Jean-Paul est à peine à un mètre de moi, il me glisse à l'oreille :

— C'est une magicienne, Laurence.

— Possible, je lui réponds, une chamane plutôt ?

— Un peu des deux sans doute.

— Il y a certains des animaux que l'on vient de croiser aujourd'hui avec lesquels tu as des relations privilégiées ?

— Oui, moi, c'est surtout avec les cerfs. Ils protègent moins le faon comme le font les biches et vers sept ou huit ans, ils commencent à avoir confiance en moi. Ils se donnent, ils sentent ce que je veux et on arrive à communiquer.

— Qu'est-ce que tu entends par « communiquer » avec eux ?

— Je leur parle, pas verbalement, c'est plus subtil et c'est impressionnant, car dans ces moments-là ils ne bougent pas. Ce que j'ai vu de plus extraordinaire, c'est avec les enfants handicapés, ils sentent qu'ils ne sont pas jugés de la même manière. C'est très fort à regarder.

Nous nous retrouvons tous au chalet de rondins, silencieux, encore empreints de cette expérience unique. Jean-Paul prend la parole et raconte à notre assemblée la légende de saint Hubert, raison pour laquelle il a choisi ce nom pour le parc.

— En Belgique, le seigneur Hubert est à la chasse au cerf, un Vendredi saint, lorsqu'il voit l'animal lui faire face au détour d'une allée forestière. Il aligne son tir, prend son temps, quand tout d'un coup une croix lumineuse apparaît au milieu des bois de l'animal. Ébloui, il décide de gracier le cerf. Depuis, une cathédrale existe en Belgique où l'on bénit les chiens et les chevaux de chasse pour qu'ils ne se fassent pas tuer. Peut-être que je suis un peu protégé par saint Hubert, nous dit Jean-Paul en rigolant. Je suis persuadé, enchaîne-t-il, que les rapports avec les animaux vont évoluer avec la nouvelle génération qui est plus respectueuse. En trente ans, j'ai reçu plus d'une centaine de stagiaires et j'ai remarqué que les plus passionnés étaient des filles. Quand je regarde notre assemblée faite à majorité de femmes, je ne suis qu'à moitié étonné. J'ai une nièce, nous dit-il, qui s'est installée comme chirurgien vétérinaire à Rodez et je la vois évoluer, se rapprocher de l'animal avec plus d'intuition en laissant de côté ses connaissances académiques. D'autre part, je vois un public de plus en plus large ouvrir son cœur et ses sens, surtout avec l'exercice que vient de vous faire faire Laurence.

Cette dernière ajoute qu'elle espère bien qu'avec toutes les graines qui sont semées, on va finir par en récolter les fruits. Là où elle est plus sceptique, c'est qu'elle trouve que l'on a encore du mal à accepter que l'animal ait des choses à nous enseigner.

— Il y a encore du chemin à faire, dit-elle en soupirant.

La nuit tombe sur le parc, on peut encore apercevoir les ombres des cerfs, des biches et des daims se mouvoir entre les arbres. C'est fantomatique, mystérieux, toute cette beauté qui nous entoure et se trouve si proche de nous, humains, si nous apprenons à la voir et à l'écouter. Sur le chemin du retour, je confie à Laurence cette intuition que j'ai que ma chienne est toujours présente quelque part. Si je suis là aujourd'hui, c'est en hommage à tout ce qu'elle m'a fait découvrir sur cette communication inter-espèces. Je n'aurais pu imaginer être un jour les yeux bandés devant un troupeau de cerfs en période de brame ! Laurence sourit et me dit qu'elle est toujours présente, elle le sent. Sans doute n'ai-je pas encore fait mon deuil, et mon chagrin la retient, me dit-elle.

— Elle reste encore peut-être pour que tu mènes à bien ce projet. Mais à un moment, il faudra que tu la libères et que tu la laisses partir vers la lumière, je t'aiderai pour cela.

## Chapitre 17
# WILD CODDY

On m'avait prévenu, cela prend du temps. Le deuil est long. Je vois Electra chez tous les chiens que je croise. Une truffe à l'air, un aboiement qui ressemble au sien, ce fameux regard par en dessous du coupable pris en faute. Toutes ces multitudes de facéties et de différents langages corporels auxquels les chiens recourent pour communiquer avec leur humain. Je la cherche. Depuis plus d'un an, je me demande chaque semaine si je retourne ou non dans une SPA. J'attends aussi que le hasard fasse ce que je n'arrive pas à faire, une rencontre fortuite. Un animal trouvé sur ma route lors d'une balade en forêt, ou encore, peut-être caché derrière une poubelle de mon quartier à attendre son sauveur. J'échafaude des tas de scénarios. Même si je suis comme aimanté par chaque chien que je rencontre, le hasard, les « mains de Dieu qui passent incognito » comme le définissait Cocteau, ne me présente aucune boule de poils sur mon chemin. Alors, par curiosité, je regarde les différents sites des refuges pour chiens abandonnés. C'est d'ailleurs étonnant à quel point je dirige mon attention vers la même race qu'Electra. Je sais bien qu'au fond de moi il y a cette envie de « répéter l'histoire » et que c'est une erreur. Un élément de taille m'empêche également de passer à l'action. Je vis à Paris et je n'ai pas la possibilité d'offrir une vie dans la nature à ce nouveau chien que je cherche. Quand Electra a déboulé dans ma vie, nous avions une maison de famille dans l'Eure. Les premières années de notre rencontre, nous y étions tous les week-ends. Alors, je patiente. J'ai du mal dans cette ville qui devient de plus en plus bruyante et polluée. L'agressivité se fait sentir de plus en plus à chaque coin de rue.

C'est cette crise sanitaire mondiale foudroyante qui va changer le cours des choses.

Si « *tout le malheur des hommes vient d'une seule chose, qui est de ne savoir pas rester au repos, dans une chambre* », l'épidémie qui déferle sur le monde depuis février 2020 va bien défier l'humanité sur cette phrase de Blaise Pascal. Le virus de la Covid-19 bloque le pays dans un premier confinement de deux mois. Une sensation de « déjà-vu » me saisit alors que les rues de la capitale se vident et qu'un climat de peur s'installe à travers le pays.

Il y a presque vingt ans, j'habitais à New York lors des attentats des tours du World Trade Center, le 11 septembre 2001. Correspondant pour une agence de presse française, j'étais descendu dans le bas de la ville, caméra au poing, prendre des images du cauchemar qui allait choquer le monde entier. Hurlements des New-Yorkais hagards enveloppés de cendres prenant la fuite, secourus par les pompiers, la ville se trouvait noyée sous une épaisse fumée opaque. Quelques jours après le drame, silence. Une ville fantôme traversée de temps à autre par le bruit strident d'une sirène d'ambulance. Très vite, les médias avaient fait monter la pression sur les origines terroristes des attentats, mais surtout ils avaient entretenu un climat de peur qui avait attisé une haine féroce de la part des Américains pour l'Extrême-Orient. Le chef d'al-Qaida, Oussama Ben Laden, n'était qu'un pion, nous répétaient les nouvelles, il fallait l'éradiquer au plus vite et entrer en guerre contre les islamistes fanatiques.

Nous nous retrouvions entre journalistes aux bureaux de l'agence, situés dans un quartier new-yorkais appelé « Midtown ». Nous partagions nos différentes opinions, fondées sur des interviews et des réactions obtenues sur le terrain où lors de conférences de presse tenues par des officiels. Un étrange sentiment nous avait tous envahis. Quelque chose se tramait. Une orchestration aux rouages trop évidents se mettait en place. Quand vint l'annonce par le président américain, Georges W. Bush, que les États-Unis partaient en guerre contre l'Afghanistan, pays soutenant les responsables des attentats, puis deux ans plus tard contre l'Irak qui prétendument cachait des armes de destruction massive, le tour était joué. Peu d'entre nous furent dupes de cette manipulation du gouvernement américain. L'avenir nous donna d'ailleurs raison. Mais l'opinion américaine chauffée à blanc ne fit que suivre et encourager une guerre inutile qui fit très vite écho à une autre, celle du Vietnam.

Alors, quand je vois les rues des villes européennes se vider, que les nouvelles braillent à tue-tête que l'état d'urgence est l'unique solution et que nous sommes sans cesse bombardés de chiffres effrayants de victimes du virus, je ne peux m'empêcher de retrouver quelques similitudes avec ce que j'ai vécu à New York. La peur et la manipulation qui précèdent souvent des décisions au détriment de notre humanité sont une nouvelle fois trop « imposées » pour que derrière cette pandémie ne sortent pas un acte et des décisions néfastes à notre évolution.

C'est cette sensation qui m'habite en ce jour d'avril alors que je prends l'autoroute du Sud en direction de Fontainebleau.

Une amie vient de me téléphoner me parlant d'une maison de campagne à louer près du village de Moret-sur-Loing. Il ne reste plus que huit heures avant que le troisième confinement ne soit déclaré effectif et je n'ai donc que quelques heures devant moi pour visiter cette maison et filer dans le Var rejoindre une partie de ma famille partie se réfugier dans une demeure familiale. Cela fait plusieurs mois que je cherche un îlot de verdure en dehors de la capitale. Enfin, une opportunité se présente, alors malgré les restrictions de circulation, je file sur une autoroute presque vide. J'ai rendez-vous à huit heures du matin, ce qui, je le sais, me mettra hors la loi pour arriver à destination avant quatorze heures, limite de l'horaire autorisé par le gouvernement pour se trouver sur son lieu de confinement. Quelque part, cela m'amuse de braver cet interdit et de ne pas céder à ce climat de panique si bien orchestré.

J'arrive au domaine de Saint-Ange et visite l'une des dépendances du château qui les surplombe. La vieille bâtisse est une ancienne grange qui a été rénovée. Les chambres ont des murs faits de vieilles pierres et d'épaisses poutres barrent les plafonds, leur donnant un charme authentique et chaleureux. Une grande cheminée ouvre sur un vaste salon où trônent deux anciennes colonnes, vestiges du château. Ce qui finit de me convaincre est la présence au bout du jardin d'une rivière, bordée par quelques saules pleureurs. Je serre la main de Guillaume, le fils des propriétaires, et nous scellons ainsi notre accord pour mon entrée dans les lieux une fois le confinement levé.

Début mai, je refais la route en sens inverse et remonte du village de La Croix-Valmer où nous sommes restés confinés deux mois, vers celui de Villecerf situé à une centaine de mètres du domaine. En ce début du mois de juin, le lieu se révèle un véritable havre de paix loin de la ville. Ma chambre au premier étage surplombe des pommiers et j'ai vue sur une immense forêt. Très vite, l'idée de pouvoir m'allonger dans l'herbe avec un chien et à nouveau partager de longues balades dans les bois prend tout son sens. Jusqu'ici, coincé en ville, ce n'était pas envisageable. La nature appelle la nature. Je décide de patienter encore un peu, jouant sur la carte du destin. Celle qui m'avait si bien orchestré la venue d'Electra dans ma vie. Je guette un chien errant au hasard de mes promenades dans les alentours. J'attends. J'attends trop.

Alors, je vais à nouveau faire quelques recherches sur les sites de différents refuges. Par jeu et sans doute un peu par nostalgie, je choisis par race. Je tape « griffon Korthals ». Je trouve sur le site d'un élevage un jeune couple de chiots à l'adorable frimousse. J'entre en contact avec les propriétaires. Trop tard, ils ont été adoptés. Je continue mes recherches. Sur les réseaux sociaux, je m'abonne aux *newsletters* des nombreuses associations qui récupèrent des chiens abandonnés. L'une d'entre elles me marque. Elle est installée en Belgique et s'est spécialisée dans le sauvetage de chiens venant d'Europe de l'Est. Les histoires sont accablantes et effrayantes. Léonard de Vinci le disait déjà il y a cinq siècles : « *Le jour viendra où les personnes comme moi regarderont le meurtre des animaux comme ils regardent aujourd'hui le meurtre des humains.* » J'ai peur que l'on en soit encore loin, même si depuis, Darwin ou Buffon ont précisé leur statut, Zola a pris leur défense et récemment certains sont montés au créneau avec intelligence et virulence comme Boris Cyrulnik ou Élisabeth de Fontenay. Je tire mon chapeau à l'association L214 qui a su fédérer un véritable mouvement d'éveil des consciences concernant la cause animale et l'urgence d'agir pour que cesse la maltraitance.

À l'encontre de ces horreurs, les animaux confidents, eux, existent depuis toujours. Il suffit d'étudier certaines fresques des vestiges de Pompéi pour y trouver les premiers chiens d'aveugles. Ils accompagnent nos récits depuis des millénaires comme ceux d'Ésope qui, dès l'Antiquité, compile des contes de tradition orale qui préfigurent les *Fables* de La Fontaine. Dans l'Ecclésiaste, récit biblique, n'est-il pas dit que « *ce qui arrive aux fils des hommes est aussi ce qui arrive aux bêtes ; il y a pour tous un même sort : comme celle-ci meurt, ainsi meurt celui-là ; et ils ont tous un même souffle, et l'homme n'a point d'avantage sur la bête, car tout est vanité. Tout va dans un même lieu, tout est de poussière et tout retourne à la poussière. Qui est-ce qui connaît l'esprit des fils des hommes ? Celui-ci monte-t-il en haut, et l'esprit de la bête descend-il en bas dans la terre** ? » Preuves de très anciennes et saines réflexions où l'homme et l'animal voués à une existence éternelle seraient égaux devant Dieu. La révélation divine nous apprend que les animaux sont devenus « âmes vivantes » au même titre que les « êtres vivants » par la parole qui les appela à l'existence.

Mais hélas, l'homme les a aussi utilisés à des fins néfastes, voire criminelles. La guerre est l'un des domaines où ils ont souvent été en première ligne. L'écrivain britannique Michael Morpurgo** raconte comment des chevaux ont été sacrifiés et envoyés à la boucherie par mesure d'économie lors de la Première Guerre mondiale, alors qu'ils venaient de lutter au plus près des poilus.

---

* Considéré comme une sorte de portrait autobiographique, ce livre est rédigé par un auteur qui se présente en tant que « Qohélet », fils de David.

** Michael Morpurgo, *Cheval de guerre* (*War Horse*, 1982), Folio Junior, 1985, adapté au cinéma sous le même titre par Steven Spielberg en 2011.

Des millions d'animaux (le chiffre exorbitant de dix millions a même été avancé) auraient perdu la vie durant ce conflit. Un autre chiffre tout aussi effarant, compris entre soixante et cent cinquante milliards, circule concernant des bêtes chassées et mangées chaque année.

Heureusement, ils sont aussi au cœur des récits, des poèmes, des contes et des aventures de notre humanité qui font les louanges de leur amitié et de leur fidélité. Ils sont indissociables de l'homme. Gandhi avait bien raison de dire que « *l'on peut juger de la grandeur d'une nation à la façon dont les animaux y sont traités* ». Ils disent beaucoup de la condition humaine et aujourd'hui, plus que jamais, c'est à nous de les écouter.

*

Quand sa bouille de chenapan apparaît sur mon écran, je ne peux m'empêcher de sourire. Des yeux verts translucides de beau petit diable apparaissent sous une mèche de poils marron et blanc. La légende sous la photo décrit un mâle d'un an, griffon à poil dur Korthals. Je suis allé faire des recherches sur le site d'une SPA située dans la région de Fontainebleau, Vaux-le-Pénil, à quelques kilomètres de ma maison. Sous son pedigree, une légende à laquelle je ne prête pas trop attention le décrit comme « un chien dynamique qui aura besoin de dépenses physiques et mentales. Coddy est un chien proche de l'homme, câlin, ce loulou a tout à apprendre : propreté, solitude, marche en laisse... Pour le bien-être du propriétaire, il est indispensable de se renseigner sur l'éducation bienveillante et les signaux d'apaisement. »

Ai-je volontairement omis de lire avec attention ces dernières lignes ? J'écris sur-le-champ et remplis le formulaire préalable de renseignements avant adoption. Dans la foulée, j'envoie sa photo à Corinne Dupeyrat avec qui j'ai fait mon premier stage en communication animale.

Les jours passent sans aucune réponse du refuge où j'ai envoyé ma demande. Je me dis qu'encore une fois ce n'est pas le bon et, comme pour confirmer ce sentiment, Corinne me renvoie un message me prévenant qu'elle a la forte sensation que ce chien est beaucoup trop turbulent pour moi. Trop d'énergie, un besoin d'une éducation stricte qui risque de ne pas être possible vu les limitations physiques que j'ai toujours. C'est vrai qu'habitué à la douceur d'Electra qui m'apaisait, je ne devrais pas me confronter à un jeune mâle fougueux. Alors, je n'insiste pas malgré d'autres conseils venus, eux, de mon ami kinésithérapeute Jean-François Duvigneau. Il m'a accompagné dans ma rééducation depuis les premiers jours de mon retour de l'hôpital et m'a toujours poussé dans les bonnes directions. L'une était de remonter sur les skis et l'autre... de reprendre un chien, car il s'est aperçu que, depuis qu'Electra n'est plus dans ma vie, les muscles de mes jambes ont fondu. Cela n'est pas sans me rappeler l'histoire du professeur Farcy et de son voisin qui souffrait d'une grave lombalgie depuis la mort de ses chiens. Avec moins de yoga, vu la triste décision du gouvernement de fermer les salles de sport, et plus de marches quotidiennes avec ma chienne, mon corps se trouve affaibli musculairement.

Jusqu'au jour où je reçois un appel téléphonique m'avertissant que le jeune Korthals est toujours disponible à l'adoption. J'hésite. Je suis à deux doigts de dire que j'ai changé d'avis. Puis je me ravise et prends rendez-vous pour le rencontrer. Entre-temps, j'envoie sa photo à deux de mes plus proches amies, Victoria et Roberta, qui n'ont eu de cesse de me presser de reprendre un chien. Ça ne rate pas, elles craquent. « Vas-y. Va le chercher », me lancent-elles à tour de rôle.

Victoria décide de m'accompagner, et nous prenons la route en direction de la SPA de Vaux-le-Pénil non loin de Fontainebleau. À cause des restrictions sanitaires, nous ne sommes pas autorisés à entrer dans l'enceinte du refuge. Debout devant le portail, j'entends les aboiements des chiens dans les enclos. Le souvenir de ma première visite à une SPA il y a quatorze ans refait surface. Chaque détail de ce jour-là me revient en mémoire, j'en ressens même les sensations physiques. J'anticipe la rencontre avec le jeune chien. J'ai peur. Il ne faut pas qu'il le sente. Une des bénévoles nous conduit dans un enclos prévu pour les rencontres entre les adoptants et les chiens, et elle repart chercher Coddy.

Je prends une grande respiration quand je l'aperçois revenir, le tenant en laisse. Elle le libère et nous laisse seuls avec lui. Victoria et moi le laissons nous renifler, tourner autour de nous, puis nous ignorer et s'intéresser à ce qui se passe en lisière de forêt. Même race, même tête qu'Electra, et surtout même instinct de chasseur. Je le vois, muscles tendus pointer sa truffe vers la campagne environnante. Je ressens toute la puissance de ce chien, mais aussi son agitation incontrôlée. Si la première impression que j'avais eue de ma chienne était sa douceur, celle concernant ce nouvel arrivé est tout autre. Je me rappelle le message de Corinne Dupeyrat sur sa nature et, après quelques minutes passées en sa compagnie, nous ressortons de l'enclos, empreints de doutes. Des discussions s'engagent avec l'une des responsables du lieu, j'arrive à négocier un temps de réflexion de quelques jours. Ils n'aiment pas trop ça, le feeling passe ou non, il s'agit de plonger et de repartir avec l'animal sans hésitation. Ils ont eu trop de mauvaises expériences, mais vu mon parcours d'adoptant, ils décident de m'accorder un délai.

À peine rentré à Saint-Ange, je m'organise pour pouvoir échanger avec les communicatrices Laurence, puis Nicole. Je devine la complexité de ce nouveau compagnon et j'anticipe les difficultés. Une partie de moi est prête à accueillir le jeune Korthals, l'autre résiste par peur du travail qui s'annonce. Ne pas vouloir répéter l'histoire, je me dis en boucle. Relever ce nouveau défi de ne plus être dans une zone de confort. Je me convaincs, puis je me laisse envahir par mes doutes. Suis-je prêt ? Ai-je suffisamment récupéré physiquement pour réussir à prendre en main sa fougue et à le canaliser ? Autre clin d'œil amusant, je suis allé sur Internet faire quelques recherches sur le nom Coddy et je suis tombé sur celui du fameux cow-boy américain chasseur de bisons appelé Buffalo Bill Cody ! C'est bon, j'attelle mon fidèle destrier et je pars le chercher. C'est parti pour le Wild West Coddy Show* de Seine-et-Marne !

---

* Buffalo Bill dirigea une troupe théâtrale populaire, le Wild West Show.

# Épilogue

Je suis parti faire un jeûne sur l'île grecque d'Andros à quelques heures de ferry d'Athènes. Besoin de ce temps de ressource et de *reset*. Coddy est dans ma vie depuis trois mois maintenant. J'ai souffert de son tempérament fougueux et imprévisible. J'ai désespéré. J'ai vu différents éducateurs canins, comportementalistes. Puis c'est une éducation très cadrée et soutenue qui a commencé à porter ses fruits, et le lien s'est forgé au fil des heures de dressage. La femme qui gère la pension où je l'ai laissé le temps de ma cure m'a encouragé en me disant que « c'est avec les chiens avec lesquels on mouille le plus la chemise que les liens sont les plus forts ». J'ai soupiré, levé les yeux au ciel et regretté la douceur d'Electra. Mais jour après jour, nous apprenons l'un de l'autre, l'un avec l'autre.

Un matin, je descends sur la plage en bas du gîte où je dors. Des chiens sont en train de courir dans tous les sens et se jettent dans l'eau à la poursuite les uns des autres. Je m'approche de l'un d'entre eux, un jeune bouvier bernois au regard sympathique qui vient naturellement jouer avec moi. Je fais quelques pas en sa compagnie et tombe nez à nez avec celle qui semble diriger cette joyeuse tribu. Natacha est une femme élégante qui a fait de sa mission de vie l'élevage de chiens abandonnés. Alors que je lui explique la peine que j'ai toujours depuis la mort de ma chienne, elle me dit cette phrase qui m'accompagne depuis et a donné toute sa symbolique à l'arrivée de Coddy dans ma vie :

— S'il y en a un qui s'en va, c'est pour laisser la place au prochain, ne soyez pas triste...

Et puis les retours des communicatrices qui ont chacune communiqué avec Coddy... et même Electra ont fini par sceller le destin de cette nouvelle rencontre.

Laurence Dugas-Fermon :

*« C'est un chien candide, vif, encore très "bébé" dans sa tête. Doué d'une grande sensibilité, il observe tout, il le fera avec tes états d'âme et les agitations émotionnelles des personnes autour de toi. Il est curieux, enjoué, passionné, il ne demande qu'à être aimé. Il n'habite pas encore son corps, il est maladroit et sera encore trop fougueux dans ses mouvements. Je le vois avoir une vie de ferme, avec des chasseurs sans aucune relation d'amitié humaine. On le laissait dans une grange, attaché, on le nourrissait et on le sortait pour la chasse. Il vient de là, il ne connaît que ça. Sa faiblesse physique, c'est son estomac, il faudra lui faire un drainage et une cure de phytothérapie vers ses trois ans.*

*Il vient réparer le Stéphane qui vivait tous azimuts sans ligne directrice dans la vie et qui a encore trop de regrets. Vous avez besoin de vous mettre des limites, ce qui ne veut pas dire enfermer son potentiel, mais trouver où cette puissance peut s'exprimer. Ensemble, vous allez trouver un chemin où vous poser. Il veut bien faire, il me l'assure. Ton travail avec lui, c'est le renforcement positif, encourage son moindre effort. Par contre, fais attention à son agressivité envers d'autres chiens, il est encore dans sa vulnérabilité et se sent le besoin d'attaquer celui qui l'impressionne. N'oublie pas que c'est un passionné, il vient t'aider à révéler une part de toi, celle qui est prête à se donner à fond. »*

Nicole Birkholzer :

*« Electra m'explique que ta relation avec Coddy est une opportunité de voir le monde à travers ses yeux et d'apprendre à le connaître. Fais attention à ce qui attise son intérêt et à ce qu'il lui faut pour se sentir accompagné. Si tu lui montres que tu es un partenaire solide, il te donnera sa confiance et son cœur, comme pour un humain. Quand Coddy aboie sur quelque chose, sois curieux de quoi il s'agit. S'il est attiré par un chien, engage la rencontre, si tu sens qu'il ne l'aime pas, fais-lui comprendre que ce n'est pas un problème, et évitez-le. »*

Corinne Dupeyrat :

Le mot de la fin vient d'Electra…

*« J'étais là pour t'aider à te relever, Coddy t'accompagne pour continuer à avancer. »*

FIN

# Remerciements

À ma première lectrice, Léa Santamaria (librairie Les Libres Champs, Paris 6e).

À Françoise Vergnaud, Mathilde Franck, Paul Franck, Claude Franck, Isabelle Gallimard, Françoise Gallimard, Francine Haskell, Diana Haskell, Girolamo Marcello del Majno, Françine Joseph (Association Pattes Tendues, Suisse), Victoria Rouhani, Roberta Morrell, Gilles Deromedi, Sarah Huot, Alexia Grinda, Juliette Japy, Laurence et Anne Heilbronn, Élise Abreu, Claire et Frederick Dubeau, Pascale Mechelany, Martine Le Hecho, Jean-François Duvigneau, Maria et José Batista.

À Nathalie Piquet (Éditions Guy Trédaniel) pour m'avoir accompagné dans cette aventure.

À Gilles Leroy pour sa merveilleuse préface.

À Paul de La Panouse (parc zoologique de Thoiry), Gérard Bertrand (parc animalier de « La Dame Blanche », Valorbiquet), Jean-Paul Olivier (parc animalier de Saint-Hubert), Yohann Severe (association « Gamelles Pleines »), le professeur Jean-Pierre Farcy, Laurence Dugas-Fermon, Corinne Dupeyrat, Intuiteurs sans frontières, Rodolphe Mehl et l'équipe de la clinique vétérinaire Saint-Roch,

Amilly, la clinique vétérinaire des docteurs Kassab et Hania, Paris 6e, la docteure Nathalie Prat-Poiret, ostéopathe au cabinet Eiffelvet, Paris 15e, la SPA de Plaisir, la SPA de Vaux-le-Penil. Olivier Chorron (éducateur canin),

Bruno Legrand (éducateur canin), Emmanuelle Schroders (Le Domaine de Fides : pension familiale pour chiens), Cyndi Labarbe (promeneuse et éducatrice de chiens) et Jean-Pierre Gourlaouen (éducateur canin) pour leur patience avec Coddy.

Et à Willie la cocker, Benji le labrit, Alphonse le labrador, Fidji le yorkshire, Pamela la braque hongroise, Paulo le bâtard, Flèche le beagle, Lucky le berger australien, Ambre la scottish-terrier, Hexi la labrador, Arcole le labrador, Elvis le chat, Teo le king-charles, Kenzo le cerf, Norma la jument.

# Bibliographie


Brigitte Bontour (dir.), *Le Goût des animaux*, éditions Mercure de France, collection « Le Petit Mercure », 2020.

Charles Mouton (dir.), *Le Goût des chiens*, éditions Mercure de France, collection « Le Petit Mercure », 2008.

Pénélope Bonnaud, *Ces animaux qui nous parlent*, First éditions, 2018.

François Nourissier, *Lettre à mon chien*, éditions Gallimard, collection « Folio », 1975.

Norin Chaï avec Roland Portiche, *Harmonies*, éditions Stock, 2019.

Dirk Grosser, *Le Bouddha à quatre pattes*, éditions Le Relié, 2016.

Sandra Rohrbach et Alain Christen, *Les Animaux indigo*, éditions Exergue, 2019.

Ivan Tourgueniev, *Moumou*, éditions Mercure de France, collection « Le Petit Mercure », 2019.

Carl Safina, *Qu'est-ce qui fait sourire les animaux ?*, éditions La Librairie Vuibert, 2018.

Dr Deepak Chopra, *Le Livre des coïncidences*, J'ai Lu, 2004.

Erling Kagge, *Quelques grammes de silence*, Flammarion, 2017.

Frans de Waal, *Sommes-nous trop « bêtes » pour comprendre l'intelligence des animaux ?*, Babel, 2016.

Patrice Van Eersel, *Le Cinquième Rêve*, éditions Grasset, 1993.

Frederika Van Ingen, *Sagesses d'ailleurs pour vivre aujourd'hui*, Les Arènes, 2016.

Milan Kundera, *L'Insoutenable Légèreté de l'être*, éditions Gallimard, 1984.

Laila Del Monte, *Communiquer avec les animaux*, éditions Véga, 2018, 7e édition.

Massimo Teodorani, *Synchronicité : le rapport entre physique et psyché de Pauli et Jung à Chopra*, éditions Science et Connaissance, Macro Éditions, 2020.

Gilles Leroy, *Le Château solitude*, éditions Grasset, 2016.

Rudyard Kipling, *Paroles de chien*, éditions Payot & Rivages, 2010.

## Livres cités dans l'ouvrage, par ordre d'apparition

Madeleine Chapsal, *L'Ami chien*, éditions Acropole, 1991.

Jean-Pierre Farcy, *L'Équilibre, un septième sens*, La Bourdonnaye, édition numérique, 2012.

Rupert Sheldrake, *Les Pouvoirs inexpliqués des animaux*, Éditions J'ai Lu, collection « Aventure secrète », 2005.

Sylvain Tesson, *La Panthère des neiges*, éditions Gallimard, 2019.

Jean-Marie Pelt, *L'Homme renaturé*, éditions Robert Laffont, 2015.

Nicholas Evans, *L'Homme qui murmurait à l'oreille des chevaux*, éditions Albin Michel, 1996.

Marc Bekoff, *Les Émotions des animaux*, éditions Rivages, collection « Rivages poche », 2018.

Jane Goodall, *Ma vie avec les chimpanzés*, éditions L'École des Loisirs, collection « Médium poche », 2021.

David Lynch, *Mon histoire vraie*, éditions Sonatine, 2008.

Dominique Lapierre, *La Cité de la joie*, éditions Robert Laffont, 1992.

Claude Béata, *Au risque d'aimer*, préface de Boris Cyrulnik, éditions Odile Jacob, 2013.

Clive D. L. Wynne, *Dog is Love: Why and How Your Dog Loves You*, éditions Houghton Mifflin Harcourt, 2019.

François Weyergans, *Royal Romance*, éditions Julliard, 2012.

Corine Sombrun, *Mon initiation chez les chamanes*, éditions Albin Michel, 2004.

Alexandra Horowitz, *Dans la peau d'un chien*, éditions Flammarion, 2009.

Raymond Smullyan, *TheTao is Silent*, éditions Harper One, 1977.

Mitch Albom, *La Dernière Leçon*, Pocket, 2004.

Nicole Birkholzer, *Pet Logic*, éditions Smart Cat Publishing, 2016.

Nicole Birkholzer, *Horse Logic*, éditions Mindful Connections, 2020.

Nastassja Martin, *Croire aux fauves*, éditions Verticales, 2019.

Roger Grenier, *Les Larmes d'Ulysse*, éditions Gallimard, 1998.

Gilles Leroy, *Alabama Song*, éditions Mercure de France, 2007.

Intuiteurs sans frontières, *Dialogues avec l'animal et le vivant*, éditions Le Souffle d'Or, 2019.

Astrid Clavé-Letourneur, *Les Animaux sont ma famille*, Edilivre, 2016.

Astrid Clavé-Letourneur, *Les Éléphants nous appellent à agir*, éditions Le Souffle d'Or, 2020.

Frédérique Pichard, *Dauphins ambassadeurs*, Democratic Books, 2010.

Laurence Dugas-Fermon, *Rêve de béluga*, éditions L'Œil de la Femme à Barbe, 2017.

Corinne Dupeyrat, *Communiquez de manière intuitive avec votre animal*, Rustica Éditions, 2021.

Laurence Dugas-Fermon, *Accompagner la mort de l'animal*, mémoire CCI, 2015-2016.

Michael Morpurgo, *Cheval de guerre*, Folio Junior, 1985.

Maquette et mise en page : Soft Office